Guttentag'sche Sammlung
Deutscher Reichsgesetze

Nr. 112a

Depéne

Kaufmanns- und Gewerbegerichtsgesetz

nebst Schlichtungsordnung

(Erg.-Bd. zu Nr. 112)

Walter de Gruyter & Co.

Hinter dem Sachregister befindet sich ein ausführliches Verzeichnis der

Guttentagschen Sammlung

Deutscher Reichs- und Preußischer Gesetze

— Textausgaben mit Anmerkungen; Taschenformat —,

die alle wichtigeren Gesetze in unbedingt zuverlässigem Abdruck und mit mustergültiger Erläuterung wiedergibt.

Guttentagsche Sammlung
Nr. 112a. Deutscher Reichsgesetze. Nr. 112a.
Textausgaben mit Anmerkungen und Sachregister.

Kaufmanns- und Gewerbegerichtsgesetz

nebst Schlichtungsordnung

nach dem Stande vom 1. August 1924

Nachtragsband

zu Nr. 112 der Guttentagschen Sammlung Deutscher Reichsgesetze

enthaltend: Ergänzungen und Abänderungen des Kaufm.- u. GewGerGes. sowie der einschlägigen Bestimmungen der ZPO. u. SchlO. über das Verfahren vor den Arbeitsgerichten

Bearbeitet von

Dr. Hans Depène

Magistratsrat

Vorsitzender des Kaufmannsgerichts Berlin

Berlin und Leipzig 1924.

Walter de Gruyter & Co.

vormals G. J. Göschen'sche Verlagshandlung — J. Guttentag, Verlagsbuchhandlung — Georg Reimer — Karl J. Trübner — Veit & Comp.

Vorbemerkung.

Schon lange bestand die Absicht, die im Jahre 1914 erschienenen Erläuterungen zu ergänzen und die gesetzlichen Abänderungen nachzutragen. Immer wieder waren es die des öfteren gepflogenen Verhandlungen über die Errichtung von Arbeitsgerichten, die davon Abstand nehmen ließen. Auch jetzt ist zwar dieses Ziel noch nicht erreicht, wenigstens hat man aber den Anfang gemacht. Durch die Schlichtungsordnung vom 30. Oktober 1923 sind für gewisse Streitigkeiten, die bisher von den Spruchkammern der Schlichtungsausschüsse entschieden wurden, Arbeitsgerichte mit einem Sonderverfahren geschaffen und bis zu ihrer Errichtung die Ausübung der Rechtsprechung den KG. und GG. und in Ermangelung derselben in einem Bezirk den durch dieselbe VO. neugegründeten Schlichtungsausschüssen übertragen worden. Dies sind die vorläufigen Arbeitsgerichte. Der Zustand ist durchaus nicht befriedigend. Schon die Verschiedenartigkeit der Verfahren und die Behandlung der Klagen vor demselben Gericht, demselben Richter und sogar in derselben Sitzung bringen eine Unsicherheit mit sich, die sich entschieden zum Schaden aller Beteiligten auswirken muß, so daß eine baldige endgültige Regelung nicht nur erwünscht, sondern dringend geboten erscheint. Für die Inangriffnahme der vorliegenden Arbeit hat aber ein weiteres Moment hauptsächlich mitgewirkt. Die Gesetzgebung der Nachkriegszeit hat gerade auf dem sozialrechtlichen Gebiet eine außerordentlich reichhaltige Betätigung ausgeübt. Leider hat die Schnelligkeit, mit der neue Gesetze oder Verordnungen erschienen, nicht immer mit der herkömmlichen Sorgsamkeit ihrer Ausführung und ihrer Zweckmäßigkeit gleichen Schritt gehalten. Es kamen die unglücklichen politischen und wirtschaftlichen Verhältnisse dazu und geradezu eine Flut von Neuregelungen, Abänderungen und Ergänzungen war und ist die natürliche Folge. Da die vorläufigen Arbeitsgerichte ihr Verfahren aushilfsweise auf dasjenige im KGG. und GGG. normierte Verfahren gründen und dieses wieder auf dasjenige der ZPO. (amts- bzw. landgerichtliche Verfahren zurückgreift, so mag man ermessen, wenn man bedenkt, daß jedes dieser Gesetze vielfach geändert worden ist und daneben noch eine Reihe von Verwaltungsverordnungen ergangen sind, welchem Chaos von Rechtsnormen der Richter und der unglückliche Rechtsuchende gegenübersteht. Es war notwendig, mehr als 40 Gesetze und Verordnungen allein zur Darstellung der am 1. August 1924 geltenden Rechtsmaterie heranzuziehen[1]).

Und das war die Aufgabe, welche sich der Verfasser gestellt hatte: Eine Zusammenstellung aller gesetzlichen Bestimmungen, auf Grund deren die KG. und GG. die ihnen zugewiesenen Aufgaben einschließlich der ihnen als Arbeitsgerichte übertragenen Rechtsprechung auszuüben haben, um einen Überblick zu gewinnen, was auf diesem Gebiete eigentlich jetzt Rechtens ist.

Die Schlichtungsordnung vom 30. Oktober 1923 (RGBl. I S. 1043) ist auf Grund des Ermächtigungsgesetzes vom 13. Oktober 1923 (RGBl. I S. 943[2]) seitens der Reichs-

---

[1]) Siehe S. 14, 26 u. 98.

[2]) **Ermächtigungsgesetz.** Vom 13. Oktober 1923.

Der Reichstag hat das folgende Gesetz beschlossen, das mit Zustimmung des Reichsrats hiermit verkündet wird:

regierung erlassen worden. Sie trifft nur eine vorläufige Maßnahme bis zur endgültigen Regelung durch das Gesetz[1]). Auf Grund des Art. III § 1 der VO. hat der Reichsarbeitsminister zur Durchführung dieser VO. eine Ausführungsverordnung vom 10. Dezember 1923 (RGBl. I S. 1191)[2]) erlassen, welche nähere Bestimmung über die Einrichtung der Arbeitsgerichte und das Verfahren trifft. (Siehe hierzu die S. 90 abgedruckte AVO. und Anm.)

Die ZPO. und ihre Nebengesetze haben, wie bei den einzelnen Paragraphen angegeben ist, vielfach Abände-

---

§ 1. Die Reichsregierung wird ermächtigt, die Maßnahmen zu treffen, welche sie auf finanziellem, wirtschaftlichem und sozialem Gebiete für erforderlich und dringend erachtet. Dabei kann von den Grundrechten der Reichsverfassung abgewichen werden.

Die Ermächtigung erstreckt sich nicht auf Regelung der Arbeitszeit und auf Einschränkungen der Renten und Unterstützungen der Versicherten und Rentenempfänger in der Sozialversicherung sowie der Kleinrentner und Leistungen aus der Erwerbslosenversicherung.

Die erlassenen Verordnungen sind dem Reichstag und dem Reichsrat unverzüglich zur Kenntnis zu bringen. Sie sind auf Verlangen des Reichstags sofort aufzuheben.

§ 2. Dieses Gesetz tritt mit dem Tage der Verkündung in Kraft. Es tritt mit dem Wechsel der derzeitigen Reichsregierung oder ihrer parteipolitischen Zusammensetzung, spätestens aber am 31. März 1924 außer Kraft.

[1]) Siehe hierzu auch SchlO. erläutert von Dr. G. Flatow und R. Joachim, Berlin 1924. Verlag von Julius Springer, S. 1 nebst Anm. 1 und 2.

[2]) Die zweite Ausführungsverordnung vom 29. Dezember 1923 (RGBl. I S. 24, I S. 9) kommt hier nicht in Frage.

rungen erfahren. Die letzte und umfangreichste ist auf Grund des Ermächtigungsgesetzes vom 8. Dezember 1923 (RGBl. I S. 1179[1])) nach Anhörung eines Ausschusses des Reichsrats und des Reichstags durch die Reichsregierung in der VO. vom 13. Februar 1924 (RGBl. I S. 135) erfolgt. Gemäß Art. VIII dieser VO. ist der Reichsminister ermächtigt, den Text der ZPO. mit dieser VO. und den bis zu ihrem Inkrafttreten (1. Juni 1924) erlassenen Gesetzen und Verordnungen in Einklang zu bringen und in fortlaufender Paragraphenfolge im Reichsgesetzblatt be-

---

[1]) **Ermächtigungsgesetz.** Vom 8. Dezember 1923.

Der Reichstag hat das folgende Gesetz beschlossen, das mit Zustimmung des Reichsrats hiermit verkündet wird:

§ 1. Die Reichsregierung wird ermächtigt, die Maßnahmen zu treffen, die sie im Hinblick auf die Not von Volk und Reich für erforderlich und dringend erachtet. Eine Abweichung von den Vorschriften der Reichsverfassung ist nicht zulässig. Vor Erlaß der Verordnungen ist ein Ausschuß des Reichsrats und ein Ausschuß des Reichstags von 15 Mitgliedern in vertraulicher Beratung zu hören.

Die erlassenen Verordnungen sind dem Reichstag und dem Reichsrat unverzüglich zur Kenntnis zu bringen. Sie sind aufzuheben, wenn der Reichstag oder der Reichsrat dies verlangt. Im Reichstag sind für das Aufhebungsverlangen zwei Lesungen erforderlich, zwischen denen ein Zeitraum von mindestens drei Tagen liegen muß.

Der im Abs. 1 genannte Ausschuß des Reichstags ist ebenso über Anträge zu Verordnungen auf Grund des Gesetzes vom 13. Oktober 1923 (Reichsgesetzbl. I S. 943) zu hören, soweit der Reichstag dies beschließt.

§ 2. Dieses Gesetz tritt mit dem Tage der Verkündung in Kraft. Es tritt am 15. Februar 1924 außer Kraft.

kannt zu machen. Die Ermächtigung umfaßt auch die Befugnis, soweit durch die Vorschriften dieser VO. eine Änderung oder Ergänzung bedingt ist, diese Änderung oder Ergänzung vorzunehmen, sowie ihre Vorschriften den bestehenden staatsrechtlichen Verhältnissen anzupassen.

Dies ist geschehen durch Bekanntmachung des Textes der ZPO. vom 13. Mai 1924 (RGBl. I S. 437) (siehe S. 97 Anm.). Obiger Ermächtigung entsprechend sind die §§ 375, 376, 378, 380, 382, 390, 409, 479 geändert und § 482 gestrichen worden [1]).

Über das Prinzip der aushilfsweisen Anwendung der Bestimmungen der ZPO. neben den Verfahrensvorschriften der Sondergesetze siehe Anm. zu §§ 708, 709 und 710 ZPO. S. 150 ff. Hier sei nur soviel gesagt, daß die Bestimmungen in den §§ 348 ff. (Verfahren vor dem Einzelrichter und §§ 495 a ff. (Güteverfahren) für die KG., GG. und Arbeitsgerichte nicht zur Anwendung kommen dürften; weil für diese Gerichte als Sonderbestimmung in den §§ 41 und 54 GGG. ein eigenes Sühne- und Einigungsverfahren normiert ist. Im übrigen werden aber auch eine Reihe von Vorschriften der ZPO., die an und für sich vor den Sondergerichten Anwendung finden könnten, in der Praxis kaum verwandt werden, weil sich die Eigenart dieser Gerichte hierfür nicht eignet und ihre Anwendung durch sie das Verfahren eher verzögern als beschleunigen würde. Hierher dürften u. a. z. B. gehören die §§ 251 a (Entscheidung nach Lage der Akten), § 23a VO. vom 22. Dezember 1923 (Entscheidung ohne mündliche Verhandlung) (s. Anm. zu § 251 a ZPO.), auch § 272b (Veranlassung seitens des Vorsitzenden schon vor der mündlichen Verhandlung

---

[1]) Siehe diese §§ und Anm. dazu.

zur Ergänzung und Erläuterung von Schriftsätzen) ebenso § 331a (s. § 251a). Im übrigen wird erst in der Praxis darüber entschieden werden müssen.

Eine Begründung ist weder zur SchlO., noch zu der VO. vom 13. Februar 1924 erschienen.

Da die KG. und GG. durch ihre Tätigkeit eng miteinander verbunden sind, sind auch die Abänderungen des GGG. mit aufgenommen worden. Neu eingefügt ist die SchlO. vom 30. Oktober 1923 (RGBl. I S. 1043) nebst AVO. vom 10. Dezember 1923 (RGBl. I S. 1191), soweit sie die Arbeitsgerichte betreffen. Von der ZPO. in der letzten Fassung der Bekanntmachung des Textes der ZPO. vom 13. Mai 1924 (RGBl. I S. 437) sind diejenigen Bestimmungen abgedruckt, welche ev. für das KG., GG. und arbeitsgerichtliche Verfahren in Frage kommen können. Ebenso sind nur in diesem Umfange Erläuterungen beigegeben worden. Besondere Sorgfalt ist endlich darauf verwandt worden, Gesetzestexte, auf die verwiesen worden ist, möglichst an der zitierten Stelle zu bringen, um dem Gebraucher das lästige Nachschlagen und das manchmal nicht ganz einfache Auffinden der Stellen zu ersparen.

Berlin, im August 1924.

Hans Depène.

Inhalt.

Abkürzungen.

a. A.	=	anderer Ansicht.
Abs.	=	Absatz.
Anm.	=	Anmerkung.
a. M.	=	anderer Meinung.
ABO.	=	Ausführungsverordnung zur Verordnung über das Schlichtungswesen v. 10. Dezember 1923.
BerlMBl.	=	Mitteilungsblatt des Schlichtungsausschusses Groß-Berlin.
BGB.	=	Bürgerliches Gesetzbuch.
BRG.	=	Betriebsrätegesetz.
BB.	=	Betriebsvertretung.
Dersch	=	Kommentar zum Betriebsrätegesetz.
Feig-Sitzler	=	Betriebsrätegesetz, bearbeitet von Dr. J. Feig und Dr. F. Sitzler. 7. u. 8. Aufl.
Flatow	=	Kommentar zum Betriebsrätegesetz.
GG.	=	Gewerbegericht.
GGG.	=	Gewerbegerichtsgesetz.
GKG.	=	„Gewerbe- und Kaufmannsgericht", Monatsschrift deutscher Gewerbe- und Kaufmannsgerichte.
GO.	=	Gewerbeordnung.
GS.	=	Preußische Gesetz-Sammlung.
HMBl.	=	Ministerialblatt der Preußischen Handels- und Gewerbeverwaltung.
JMBl.	=	Preußisches Justiz-Ministerial-Blatt.
JW.	=	Juristische Wochenschrift.
KG.	=	Kaufmannsgericht.
KG. (ohne örtlichen Zusatz)	=	Entscheidung des Kammergerichts.
KGG.	=	Kaufmannsgerichtsgesetz.
Komment.	=	Reichsgesetz, betreffend Kaufmannsgerichte, erläutert und bearbeitet von Dr. Hans Depène.

v. LO.	=	vorläufige Landarbeitsordnung.
RABl.	=	Reichsarbeitsblatt.
RAM.	=	Reichsarbeitsministerium.
RG.	=	Entscheidung des Reichsgerichts in Zivilsachen.
RGBl.	=	Reichsgesetzblatt.
RVGes.	=	Reichsversorgungsgesetz.
Rohrbeck	=	Betriebsrätegesetz, erläutert von Walter Rohrbeck, Erich Schönfeld und Rudolf Golm. II. Aufl.
SchlA.	=	Schlichtungsausschuß.
SchlO.	=	Verordnung über das Schlichtungswesen.
Sydow	=	Sydow und Busch, Zivilprozeßordnung — Guttentagsche Sammlung Nr. 11.
VO.	=	Verordnung.
Wölbling-Riese	=	Die Verordnung über das Schlichtungswesen von Obermagistratsrat Wölbling u. Dr. Riese.
ZwAVO.	=	Zweite Ausführungsverordnung zur Verordnung über das Schlichtungswesen v. 29. Dezember 1923.
ZPO.	=	Zivilprozeßordnung.

(Siehe auch Abkürzungen im Komment. S. 8 ff.)

I. Gesetz, betreffend die Kaufmannsgerichte.

Vom 6. Juli 1904 (RGBl. 04 Nr. 30 S. 266 ff.).

Die abgeänderten Paragraphen in der vom 1. August 1924 geltenden Fassung[1]).

[1]) Folgende Abänderungsgesetze bzw. Verordnungen sind ergangen:

1. Bekanntmachung über die Besetzung der GG., der KG. und Innungsschiedsgerichte während des Krieges vom 12. Juli 1917 (RGBl. S. 606).

Die Amtsdauer der Beisitzer wird bis zum Ablauf von 6 Monaten nach der Beendigung des Kriegszustandes verlängert.

2. VO. vom 12. Mai 1920 (RGBl. S. 958—960).

Art. II ändert im § 4 (fünftausend in fünfzehntausend), in § 13 Abs. 1 (fünfundzwanzigste in zwanzigste), in § 13 Abt. 2 (hinter den Worten „§ 10 Abs. 1" ist einzuschalten „Nr. 2—5"), in § 15 Abs. 3 (fünftausend in fünfzehntausend), in § 16 (dreihundert in eintausend).

Art. IV ändert den § 10 Abs. 2 und 3 dahin ab, daß die Bestimmung über den Empfang und die Nichterstattung von Armenunterstützung und diejenige über das Erfordernis einer mindestens 2 jährigen Dauer der Handelsniederlassung oder der Beschäftigung für die erste Wahl nach dem Inkrafttreten dieser Verordnung keine Anwendung findet.

Art. V setzt die Beendigung des Kriegszustandes im Sinne der Bekanntmachung vom 12. Juli 1917 auf den 10. Januar 1920 fest und verlängert die Amtsdauer der Beisitzer.

3. VO. vom 29. Oktober 1920 (RGBl. S. 1843).

Art. II ändert im § 4 u. 15 Abs. 3 (fünfzehntausend in dreißigtausend), Art. III verlängert die Amtsdauer der Beisitzer.

4. Gesetz vom 14. Januar 1922 (RGBl. S. 155).

Art. II ändert § 1 (das Wort „ihren“ wird gestrichen), in § 4 (dreißigtausend in hunderttausend), in § 5 Ziff. 1 erhält folgenden Wortlaut:

1. Antritt, Fortsetzung oder Auflösung des Dienst- oder Lehrverhältnisses, Aushändigung, Form oder Inhalt des Zeugnisses, sowie Erteilung, Form oder Inhalt einer Auskunft des Arbeitgebers über den Handlungsgehilfen oder den Lehrling.

Ziff. 4 erhält folgenden Wortlaut:

4. Die Ansprüche auf Schadensersatz oder Zahlung einer Vertragsstrafe wegen Nichterfüllung oder nicht gehöriger Erfüllung der Verpflichtungen, welche die unter Nr. 1—3 bezeichneten Gegenstände betreffen, wegen gesetzwidriger oder unrichtiger Eintragungen in Zeugnisse, Krankenkassenbücher oder Quittungen der Angestellten- und der Invalidenversicherung, Steuerkarten und ähnliche Urkunden, sowie wegen Einholung, Erteilung, Verweigerung, Form oder Inhalt einer Auskunft des Arbeitgebers über den Handlungsgehilfen oder den Lehrling.

Im § 10 Abs. 1 (die Worte: „1. Personen weiblichen Geschlechts werden gestrichen, an Stelle der Nr. 2, 3, 4 und 5 treten die Nr. 1“, 2“, 3“, 4“, 5“) im § 10 Abs. 2 (dreißigste in fünfundzwanzigste), im § 10 (Abs. 2 und 3 werden durch folgenden Abs. 2 ersetzt: „Zum Mitglied eines KG. soll nur berufen werden, der das 25. Lebensjahr vollendet hat), im § 13 Abs. 2 (die Worte: „Nr. 2—5“ werden gestrichen), im § 15 Abs. 3 (dreißigtausend in hunderttausend), im § 16 (eintausend in sechstausend).

5. Gesetz vom 27. November 1922 (RGBl. I S. 887).

Art. II ändert im § 4 (hunderttausend in achthundertundvierzigtausend), im § 6 (der zweite Absatz fällt fort), im § 15 Abs. 3 (hunderttausend in achthundertvierzigtausend), § 16 Abs. (sechstausend in 50000).

6. Gesetz vom 15. März 1923 (RGBl. I S. 193).

Art. II ändert im § 4 (840000 in 8400000), im § 15 Abs. 3 (840000 in 8400000), im § 16 Abs. 1 (50000 in 500000).

7. VO. vom 16. Juni 1923 (RGBl. I S. 384).

Art. II ändert im § 4 (8400000 in 24000000), im § 15 Abs. 3 (8400000 in 24000000), im § 16 Abs. 1 (500000 in 1500000).

8. VO. vom 12. Juli 1923 (RGBl. I S. 614).

Art. II ändert im § 4 (24000000 in 60000000), im § 15 Abs. 3 (24000000 in 60000000), im § 16 Abs. 1 (1500000 in 3750000).

9. VO. vom 9. August 1923 (RGBl. I S. 765).

Art. II ändert im § 4 (60000000 in 300000000), im § 15 Abs. 3 (60000000 in 300000000), im § 16 Abs. 1 (3750000 in 18750000).

10. VO. vom 30. August 1923 (RGBl. I S. 845).

Artikel II.

Die Geldbeträge im § 4, § 15 Abs. 3, § 16 Abs. 1 des Gesetzes, betreffend Kaufmannsgerichte, vom 6. Juli 1904 (Reichsgesetzbl. S. 266) in der Fassung der Verordnungen vom 12. Mai und 29. Oktober 1920 (Reichsgesetzbl. S. 958, 1843), der Gesetze vom 14. Januar und 27. November 1922 (Reichsgesetzbl. I S. 155, 887) und vom 15. März 1923 (Reichsgesetzbl. I S. 193) und der Verordnungen vom 16. Juni, 12. Juli und 9. August 1923 (Reichsgesetzbl. I S. 384, 614, 765) werden dahin geändert:

1. Im § 4 sind die Worte „den Betrag von dreihundert Millionen Mark übersteigt" durch die Worte zu ersetzen: „den Betrag übersteigt, der sich durch Vervielfachung der Grundzahl von fünftausend Mark mit der auf volle Zehntausend nach unten abgerundeten, in der vorangegangenen Kalenderwoche veröffentlichten wöchentlichen Reichsinderziffer für Lebenshaltungskosten ergibt".
2. Im § 15 Abs. 3 sind die Worte „den Betrag von dreihundert Millionen Mark übersteigt" durch die Worte zu ersetzen:

„den Betrag übersteigt, der sich durch Vervielfachung der Grundzahl von fünftausend Mark mit der auf volle Zehntausend nach unten abgerundeten, in der vorangegangenen Kalenderwoche veröffentlichten wöchentlichen Reichsindexziffer für Lebenshaltungskosten ergibt".

3. Im § 16 Abs. 1 sind die Worte „den Betrag von achtzehn Millionen siebenhundertfünfzigtausend Mark übersteigt" durch die Worte zu ersetzen: „den Betrag übersteigt, der sich durch Vervielfachung der Grundzahl von dreihundert Mark mit der auf volle Zehntausend nach unten abgerundeten, in der vorangegangenen Kalenderwoche veröffentlichten Reichsindexziffer für Lebenshaltungskosten ergibt".

11. VO. vom 6. Juni 1924 (RGBl. I S. 645).

Artikel II.

Die Geldbeträge im § 4, § 15 Abs. 3, § 16 Abs. 1 des Gesetzes, betreffend Kaufmannsgerichte, vom 6. Juli 1904 (Reichsgesetzbl. S. 266) in der Fassung der Verordnungen vom 12. Mai und 29. Oktober 1920 (Reichsgesetzbl. S. 958, 1843), der Gesetze vom 14. Januar und 27. November 1922 (Reichsgesetzbl. I S. 155, 887) und vom 15. März 1923 (Reichsgesetzbl. I S. 193) und der Verordnungen vom 16. Juni, 12. Juli, 9. August und 30. August 1923 (Reichsgesetzbl. I S. 384, 614, 765, 845) werden dahin geändert:

1. Im § 4 sind die Worte „den Betrag übersteigt, der sich durch Vervielfachung der Grundzahl von fünftausend Mark mit der auf volle Zehntausend nach unten abgerundeten, in der vorangegangenen Kalenderwoche veröffentlichten wöchentlichen Reichsindexziffer für Lebenshaltungskosten ergibt" durch die Worte zu ersetzen: „fünftausend Goldmark übersteigt".
2. Im § 15 Abs. 3 sind die Worte „den Betrag übersteigt, der sich durch Vervielfachung der Grundzahl von fünftausend Mark mit der auf volle Zehntausend nach unten abgerundeten, in der vorangegangenen Kalenderwoche veröffent-

lichten wöchentlichen Reichsindexziffer für Lebenshaltungskosten ergibt" durch die Worte zu ersetzen: „fünftausend Goldmark übersteigt".

3. Im § 16 Abs. 1 sind die Worte „den Betrag übersteigt, der sich durch Vervielfachung der Grundzahl von dreihundert Mark mit der auf volle Zehntausend nach unten abgerundeten, in der vorangegangenen Kalenderwoche veröffentlichten wöchentlichen Reichsindexziffer für Lebenshaltungskosten ergibt" durch die Worte zu ersetzen: „dreihundert Goldmark übersteigt".

Artikel III.

Die Änderungen treten eine Woche nach dem Tage der Verkündung in Kraft.

§ 1. Zur Entscheidung von Streitigkeiten aus dem Dienst- oder Lehrverhältnisse zwischen Kaufleuten einerseits und [1]) Handlungsgehilfen oder Handlungslehrlingen anderseits können bei vorhandenem Bedürfnisse Kaufmannsgerichte errichtet werden.

Die Errichtung erfolgt für den Bezirk einer Gemeinde durch Ortsstatut nach Maßgabe des § 142 der Gewerbeordnung. Die Entscheidung der höheren Verwaltungsbehörde über die Genehmigung des Statuts ist binnen sechs Monaten zu erteilen. Die Entscheidung, durch welche die Genehmigung versagt wird, muß mit Gründen versehen sein.

Mehrere Gemeinden können sich durch übereinstimmende Ortsstatuten zur Errichtung eines gemeinsamen Kaufmannsgerichts für ihre Bezirke vereinigen. Für die Genehmigung der übereinstimmenden Ortsstatute ist die höhere Verwaltungsbehörde zuständig, in deren Bezirke das Kaufmannsgericht seinen Sitz haben soll.

Auch für den Bezirk eines weiteren Kommunalverbandes kann ein Kaufmannsgericht errichtet werden. Die Errichtung erfolgt in diesem Falle nach Maßgabe der Vorschriften, nach welchen Angelegenheiten des Verbandes statutarisch geregelt werden. Die Zuständigkeit eines solchen Gerichts ist ausgeschlossen, soweit die Zuständigkeit eines für eine oder mehrere Gemeinden des Bezirkes bestehenden oder später errichteten Kaufmannsgerichts begründet ist.

Die Landes-Zentralbehörde kann auf Antrag beteiligter Kaufleute oder Handlungsgehilfen die Errichtung anordnen, wenn ungeachtet einer von ihr an die beteiligten Gemeinden oder den weiteren Kommunalverband ergangenen Aufforderung innerhalb der gesetzten Frist die Errichtung auf dem in Abs. 2 bis 4 vorgesehenen Wege nicht erfolgt ist. Alle Bestimmungen, welche dieses Gesetz dem Statute vorbehält, erfolgen in diesem Falle durch Anordnung der Landes-Zentralbehörde.

Vor der Errichtung sind sowohl Kaufleute als Handlungsgehilfen des Bezirkes in entsprechender Anzahl zu hören.

[1]) Abgeändert durch Art. II VO. vom 14. Januar 1922 (RGBl. S. 155). — Das Wort „ihren" ist gestrichen worden, ohne an dem Sinn oder der Bedeutung der Bestimmung etwas zu ändern.

§ 4. Auf Handlungsgehilfen, deren Jahresarbeitsverdienst an Lohn oder Gehalt **fünftausend**

Goldmark[1]) übersteigt, sowie auf die in Apotheken beschäftigten Gehilfen und Lehrlinge finden die Vorschriften dieses Gesetzes keine Anwendung.

[1]) Der Betrag ist jetzt endgültig festgesetzt durch Art. II VO. vom 6. Juni 1924 (RGBl. I S. 645).

§ 5. Die Kaufmannsgerichte sind ohne Rücksicht auf den Wert des Streitgegenstandes zuständig für Streitigkeiten der im § 1 Abs. 1 bezeichneten Art, wenn die Streitigkeiten betreffen:

1. Antritt, Fortsetzung oder Auflösung des Dienst- oder Lehrverhältnisses, Aushändigung, **Form oder** Inhalt des Zeugnisses, **sowie Erteilung, Form oder Inhalt einer Auskunft des Arbeitgebers über den Handlungsgehilfen oder den Lehrling**[1]);
2. die Leistungen aus dem Dienst- oder Lehrverhältnisse;
3. die Rückgabe von Sicherheiten, Zeugnissen, Legitimationspapieren oder anderen Gegenständen, welche aus Anlaß des Dienst- oder Lehrverhältnisses übergeben worden sind;
4. die Ansprüche auf Schadensersatz oder Zahlung einer Vertragsstrafe wegen Nichterfüllung oder nicht gehöriger Erfüllung der Verpflichtungen, welche die unter Nr. 1—3 bezeichneten Gegenstände betreffen, wegen gesetzwidriger oder unrichtiger Eintragungen in Zeugnisse, Krankenkassenbücher oder Quittungen der Angestellten- und der Invalidenversicherung, **Steuerkarten und ähnliche Urkunden, sowie wegen Einholung, Erteilung, Verweigerung, Form oder Inhalt**

einer Auskunft des Arbeitgebers über den Handlungsgehilfen oder den Lehrling[1]);

5. die Berechnung und Anrechnung der von den Handlungsgehilfen oder Handlungslehrlingen zu leistenden Krankenversicherungsbeiträge und Eintrittsgelder (§§ 53a, 65 des Krankenversicherungsgesetzes);
6. die Ansprüche aus einer Vereinbarung, durch welche der Handlungsgehilfe oder Handlungslehrling für die Zeit nach Beendigung des Dienst- oder Lehrverhältnisses in seiner gewerblichen Tätigkeit beschränkt wird.

[1]) Abgeändert durch Art. II VO. vom 14. Januar 1922 (RGBl. S. 155). Die hierdurch bez. Auskunftserteilung erfolgte Erweiterung der Kompetenz der KG. geht über den ihnen im § 1 zugewiesenen Rahmen hinaus. Dort ist bestimmt, daß nur für Streitigkeiten aus dem Dienst- oder Lehrverhältnis KG. errichtet werden, während Rechte aus einer falschen Auskunftserteilung erst nach Beendigung eines Dienstverhältnisses entstehen können. Es kommt hinzu, daß eine im Gesetz begründete Pflicht zur Auskunftserteilung weder für den Arbeitgeber besteht, noch das Verlangen eines Arbeitnehmers auf Erteilung einer Auskunft rechtlich erzwingbar ist. Die neu aufgenommene Vorschrift kann sich daher nur auf solche Fälle beziehen, in denen eine Auskunft freiwillig erteilt worden ist. Ersatzansprüche wegen Verweigerung einer Auskunftserteilung sind nur denkbar, wenn sich der Arbeitgeber hierzu dem Arbeitnehmer gegenüber besonders verpflichtet hatte.

§ 6. Durch die Zuständigkeit eines Kaufmannsgerichts wird die Zuständigkeit der ordentlichen Gerichte ausgeschlossen[1]).

[1]) Abgeändert durch Art. II VO. vom 17. November 1922 (RGBl. S. 887). — Abs. 2 ist gestrichen. Danach bleibt nach wie vor die Zuständigkeit der KG. in sachlicher Beziehung eine ausschließliche den ordentlichen Gerichten gegenüber. Die Streichung des Abs. 2 soll offenbar die gleiche Wirkung haben, die der Abs. 2 des § 6 GGG. direkt ausspricht. Man wollte jedenfalls auch hier den Fall nicht ausschließen, daß beide Parteien sich dem Schiedsspruche einer Persönlichkeit, der sie besonderes Vertrauen schenken, unterwerfen. Nur fehlen jetzt leider hier die im § 6 GGG. aufgestellten Voraussetzungen, so daß die Grenzen der Vereinbarungsmöglichkeit hier wahrscheinlich ungewollt sehr viel weiter sind.

§ 10. Zum Mitglied eines Kaufmannsgerichts können nicht berufen werden[1]):

1. Ausländer;
2. Personen, welche die Fähigkeit zur Bekleidung öffentlicher Ämter infolge strafgerichtlicher Verurteilung verloren haben;
3. Personen, gegen welche das Hauptverfahren wegen eines Verbrechens oder Vergehens eröffnet ist, das die Aberkennung der bürgerlichen Ehrenrechte oder der Fähigkeit zur Bekleidung öffentlicher Ämter zur Folge haben kann;
4. Personen, welche infolge gerichtlicher Anordnung in der Verfügung über ihr Vermögen beschränkt sind.

Zum Mitglied eines Kaufmannsgerichts soll nur berufen werden, wer das **fünfundzwanzigste** Lebensjahr vollendet[1]) hat.

[1]) Die Abänderung des § 10 ist durch VO. vom 14. Januar 1922 (RGBl. S. 155) erfolgt. In der früheren Ziffer 1 sind die Worte: „Personen weiblichen Geschlechts" gestrichen. Dem-

nach können auch jetzt Personen weiblichen Geschlechts zum Mitgliede eines KG. berufen werden. Ferner ist eine Umnumerierung der Ziffern vorgenommen worden und schließlich das passive Wahlrechtsalter auf das 25. Lebensjahr festgesetzt. Vgl. hierzu den Bericht des Ausschusses für soziale Angelegenheiten in Drucksachen des Reichstages 1920, I, Nr. 830. Siehe auch Anm. zu § 13 KGG. über das aktive Wahlalter.

§ 13. Zur Teilnahme an den Wahlen ist berechtigt, wer das **zwanzigste** Lebensjahr vollendet[1]) hat und in dem Bezirke des Kaufmannsgerichts seine Handelsniederlassung hat oder beschäftigt ist.

Zur Teilnahme an den Wahlen sind nicht berechtigt die im § 10 Abs. 1 bezeichneten Personen.

[1]) Das aktive Wahlalter ist abgeändert durch Art. II VO. vom 12. Mai 1920 (RGBl. S. 958—960). Die Herabsetzung des Wahlalters war eine allgemeine Forderung der wirtschaftlichen Vereinigungen der Arbeitnehmer. Gegen die Festsetzung des aktiven Wahlalters auf 20 Jahre sind Bedenken nicht erhoben worden, dagegen sind Wünsche auf eine noch weitergehende Herabsetzung auf 18 Jahre nach dem Vorbild des Betriebsrätegesetzes (§ 20) abgelehnt worden. Den damals schon mit demselben Nachdruck hervortretenden Forderungen auf Herabsetzung des Wählbarkeitsalters ist erst durch VO. vom 14. Januar 1922 entsprochen worden. (Siehe hierzu Anm. zu § 10 KGG. und Begründung zu dem Entwurf und VO. zur Abänderung des GGG. und KGG. in den Drucksachen der Nationalversammlung 1920 Nr. 3035).

§ 15. Im übrigen finden auf die Wahlen die Vorschriften des § 15, § 17 Abs. 1, § 18 des Gewerbegerichtsgesetzes entsprechende Anwendung.

Ebenso sind die Vorschriften der §§ 19, 20, § 21 Abs. 1, 3, §§ 22 bis 25, 88 des Gewerbegerichtsgesetzes sinngemäß anzuwenden.

Aus den Handlungsgehilfen entnommene Beisitzer, deren Jahresarbeitsverdienst an Lohn oder Gehalt erst nach der Wahl **fünftausend Goldmark**[1]) übersteigt, bleiben bis zur nächsten Wahl im Amte.

[1]) Der Betrag ist jetzt endgültig festgesetzt durch Art. II VO. vom 6. Juni 1924 (RGBl. I S. 645).

§ 16. Auf das Verfahren vor den Kaufmannsgerichten finden die Vorschriften der §§ 26 bis 61 des Gewerbegerichtsgesetzes mit der Maßgabe entsprechende Anwendung, daß die Berufung gegen die Urteile der Kaufmannsgerichte nur zulässig ist, wenn der Wert des Streitgegenstandes **dreihundert Goldmark**[1]) übersteigt.

Die Vorschrift im § 11 der Zivilprozeßordnung über die bindende Wirkung der rechtskräftigen Entscheidung, durch welche ein Gericht sich für sachlich unzuständig erklärt hat, findet auch in dem Verhältnisse der Kaufmannsgerichte und der Gewerbegerichte Anwendung.

Wird bei dem Kaufmannsgericht eine vor das Gewerbegericht gehörige Klage erhoben, so hat das Kaufmannsgericht, sofern für die Verhandlung und Entscheidung derselben ein Gewerbegericht besteht, durch Beschluß seine Unzuständigkeit auszusprechen und den Rechtsstreit an das Gewerbegericht zu verweisen. Eine Anfechtung des Beschlusses findet nicht statt; mit der Verkündung des Beschlusses gilt der Rechtsstreit als bei dem Gewerbegericht anhängig. Die in dem Verfahren vor dem Kaufmannsgericht erwachsenen Kosten werden als Teil der bei dem Gewerbegericht erwachsenen Kosten behandelt. Diese Vorschriften finden entsprechende Anwendung, wenn bei dem Gewerbegericht eine vor das Kaufmannsgericht gehörige Klage erhoben wird.

[1]) Der Betrag ist jetzt endgültig festgesetzt durch Art. II VO. vom 6. Juni 1924 (RGBl. S. 645).

§ 17[1]).

[1]) Ist aufgehoben durch Art. III § 3 über das Schlichtungswesen vom 30. Oktober 1923 (RGBl. S. 1043). Damit ist die bisherige Tätigkeit des KG. als Einigungsamt erloschen. Siehe auch §§ 62ff. GGG.

II. Gewerbegerichtsgesetz in der Fassung vom 20. September 1901.

(RGBl. S. 353.)

Die abgeänderten Paragraphen in der jetzt geltenden Fassung[1]).

(Stand v. 1. August 1924.)

[1]) Folgende Abänderungsgesetze bzw. Verordnungen sind ergangen:

1. Bekanntmachung über die Besetzung der GG., der KG. und Innungsschiedsgerichte während des Krieges vom 12. Juli 1917 (RGBl. S. 606).

Die Amtsdauer der Beisitzer wird bis zum Ablauf von 6 Monaten nach der Beendigung des Kriegszustandes verlängert.

2. Verordnung vom 12. Mai 1920 (RGBl. S. 958—960).

Artikel I.

Das Gewerbegerichtsgesetz vom 29. Juli 1890 in der Fassung der Bekanntmachung vom 29. September 1901 (Reichs-Gesetzbl. S. 353) wird wie folgt geändert:

1. Im § 3 Abs. 2 ist an Stelle von „zweitausend" zu setzen „fünfzehntausend".
2. Im § 13 Abs. 2 ist am Schlusse anzufügen:

   „Sie findet nach den Grundsätzen der Verhältniswahl derart statt, daß neben den Mehrheitsgruppen auch die Minderheitsgruppen entsprechend ihrer Zahl vertreten sind. Hierbei kann die Stimmabgabe auf Vorschlaglisten beschränkt werden, die bis zu einem im Statute festgesetzten Zeitpunkt vor der Wahl einzureichen sind."
3. Im § 14 Abs. 1 Satz 1 ist an Stelle von „fünfundzwanzigste" zu setzen „zwanzigste".
4. Im § 14 Abs. 1 ist am Schlusse anzufügen:

„Weibliche Personen sind zur Teilnahme an den Wahlen berechtigt.“

5. Der § 15 Abs. 1 Satz 3 ist zu streichen.

6. Im § 55 Abs. 1 Satz 2 ist an Stelle von „einhundert“ zu setzen „eintausend“.

3. Verordnung vom 29. Oktober 1920 (RGBl. S. 1843). Art. I ändert in § 3 Abs. 2 „15000“ in „30000“. Art. III verlängert die Amtsdauer der Beisitzer.

4. Gesetz vom 14. Januar 1922 (RGBl. S. 155).

Artikel I.

Das Gewerbegerichtsgesetz vom 29. Juli 1890/30. Juni 1901 in der Fassung der Bekanntmachung vom 29. September 1901 (Reichsgesetzbl. S. 353) und der Verordnungen vom 12. Mai und 29. Oktober 1920 (Reichsgesetzbl. S. 958, 1843) wird dahin geändert:

1. a) Im § 1 Abs. 1 ist das Wort „ihren“ zu streichen.
   b) Im § 3 Abs. 2 ist das Wort „dreißigtausend“ durch „hunderttausend“ zu ersetzen.
   c) § 4 Ziffer 1 ist zu ergänzen durch die Worte „und über Erteilung, Form oder Inhalt einer Auskunft des Arbeitgebers über den Arbeiter.“
   d) Im § 4 Ziffer 4 ist das Wort „Invalidenversicherung“ zu ersetzen durch die Worte „Angestellten- und Invalidenversicherung, Steuerkarten und ähnliche Urkunden, ferner wegen Einholung, Erteilung, Verweigerung, Form oder Inhalt einer Auskunft des Arbeitgebers über den Arbeiter“.
   e) Im § 4 ist unter einer neuen Ziffer 7 einzuschalten:
      7. die Ansprüche aus einer Vereinbarung, durch die der Arbeiter für die Zeit nach Beendigung des Arbeitsverhältnisses in seiner gewerblichen Tätigkeit beschränkt wird.
   f) Der § 4 Abs. 2 ist zu streichen.

2. Der § 11 erhält folgende Fassung:

„Zum Mitglied eines Gewerbegerichts soll nur berufen werden, wer das fünfundzwanzigste Lebensjahr vollendet hat.

Personen, die zum Amte eines Schöffen unfähig sind (Gerichtsverfassungsgesetz §§ 31, 32), können nicht berufen werden; Personen weiblichen Geschlechts können jedoch berufen werden."

3. Im § 14 Abs. 1 werden die Sätze 2 und 3 durch folgenden Satz ersetzt:

„Personen, die nach § 11 Abs. 2 nicht berufen werden können, sind nicht wahlberechtigt."

4. Der § 20 Abs. 2 Satz 2 wird durch folgende Sätze ersetzt:

„Die Höhe der Entschädigung ist durch Statut festzusetzen. Die Beisitzer aus dem Kreise der Arbeiter erhalten außer der Entschädigung den Unterschied zwischen ihr und dem entgangenen Arbeitsverdienst ersetzt, wenn der Arbeitsverdienst höher ist als die Entschädigung. Die Zurückweisung der Entschädigung ist unzulässig."

5. Der § 31 erhält folgende Fassung:

„Rechtsanwälte werden als Prozeßbevollmächtigte oder als Beistand vor dem Gewerbegerichte nicht zugelassen. Das gleiche gilt für Personen, die das Verhandeln vor Gericht geschäftsmäßig betreiben.

Zugelassen werden dagegen Vertreter von Vereinigungen von Arbeitgebern oder Arbeitern, insbesondere Gewerkschaftsbeamte, soweit sie für Mitglieder der vertretenen Vereinigung auftreten und nicht außer für die Vereinigung oder ihre Mitglieder auch für andere Personen vor Gericht gegen Entgelt tätig werden."

6. Im § 55 Abs. 1 Satz 2 ist an Stelle von „eintausend" zu setzen „fünftausend".

7. Im § 56 erhält Satz 2 folgende Fassung:

„Diese Vorschrift findet keine Anwendung, wenn die Anfechtung darauf gestützt wird, daß ein Beisitzer zu den

Personen gehöre, die nach § 11 Abs. 2 nicht berufen werden können."

8. Im § 58 erhält Abs. 2 folgende Fassung:

„Sie beträgt bei einem Gegenstand im Werte bis 20 Mark einschließlich .... 1,50 Mark,
von mehr als 20 Mark bis 50 Mark einschließlich 2,50 „
von mehr als 50 Mark bis 100 Mark einschließlich 5,00 „

Die ferneren Wertklassen steigen um je einhundert Mark, die Gebühren um je fünf Mark. Die höchste Gebühr beträgt dreihundert Mark."

5. Gesetz vom 27. November 1922 (RGBl. I S. 887).

Artikel I.

Das Gewerbegerichtsgesetz vom 29. Juli 1890/30. Juni 1901 in der Fassung der Bekanntmachung vom 29. September 1901 (Reichsgesetzbl. S. 353), der Verordnungen vom 12. Mai und 29. Oktober 1920 (Reichsgesetzbl. S. 958, 1843) und des Gesetzes vom 14. Januar 1922 (RGBl. S. 155) wird dahin geändert:

1. Im § 3 Abs. 2 ist das Wort „hunderttausend" durch „achthundertvierzigtausend" zu ersetzen.
2. Im § 23 Abs. 1 Satz 1 ist das Wort „dreihundert" durch „sechstausend" zu ersetzen.
3. Im § 42 Abs. 1 Satz 4 ist das Wort „einhundert" durch „zweitausend" zu ersetzen.
4. Im § 55 Abs. 1 Satz 2 ist das Wort „fünftausend" durch „fünfzigtausend" zu ersetzen.
5. Im § 57 Abs. 2 ist das Wort „dreihundert" durch „fünfzigtausend" zu ersetzen.
6. Im § 58 Abs. 2 Satz 3 ist das Wort „dreihundert" durch „eintausendfünfhundert" zu ersetzen.
7. Im § 66 Abs. 1 Satz 2 ist das Wort „einhundert" durch „zweitausend" zu ersetzen.

6. Gesetz vom 15. März 1923 (RGBl. I S. 193).

Artikel I.

Das Gewerbegerichtsgesetz vom 29. Juli 1890/30. Juni 1901 in der Fassung der Bekanntmachung vom 29. September 1901 (Reichsgesetzbl. S. 353), der Verordnungen vom 12. Mai und 29. Oktober 1920 (Reichsgesetzbl. S. 958, 1843) und der Gesetze vom 14. Januar und 27. November 1922 (Reichsgesetzbl. I S. 155, 887) wird dahin geändert:

1. Im § 3 Abs. 2 ist das Wort „achthundertvierzigtausend" durch „acht Millionen vierhunderttausend" zu ersetzen.
2. Im § 55 Abs. 1 Satz 2 ist das Wort „fünfzigtausend" durch „fünfhunderttausend" zu ersetzen.
3. Im § 57 Abs. 2 ist das Wort „fünfzigtausend" durch „fünfhunderttausend" zu ersetzen.
4. Im § 58 Abs. 2 Satz 3 ist das Wort „eintausendfünfhundert" durch „zwölftausend" zu ersetzen.

7. Verordnung vom 16. Juni 1923 (RGBl. I S. 384).

Artikel I.

Die Geldbeträge im § 3 Abs. 2, § 55 Abs. 1 Satz 2, § 57 Abs. 2, § 58 Abs. 2 Satz 3 des Gewerbegerichtsgesetzes vom 29. Juli 1890/30. Juni 1901 in der Fassung der Bekanntmachung vom 29. September 1901 (Reichsgesetzbl. S. 353), der Verordnungen vom 12. Mai und 29. Oktober 1920 (Reichsgesetzbl. S. 958, 1843) und der Gesetze vom 14. Januar und 27. November 1922 (Reichsgesetzbl. I S. 155, 887) und vom 15. März 1923 (Reichsgesetzbl. I S. 193) werden dahin geändert:

1. Im § 3 Abs. 2 sind die Worte „acht Millionen vierhunderttausend" durch „vierundzwanzig Millionen" zu ersetzen.
2. Im § 55 Abs. 1 Satz 2 ist das Wort „fünfhunderttausend" durch „eine Million fünfhunderttausend" zu ersetzen.
3. Im § 57 Abs. 2 ist das Wort „fünfhunderttausend" durch „eine Million fünfhunderttausend" zu ersetzen.
4. Im § 58 Abs. 2 Satz 3 ist das Wort „zwölftausend" durch „sechsunddreißigtausend" zu ersetzen.

8. Verordnung vom 12. Juli 1923 (RGBl. I S. 614).

Artikel I.

Die Geldbeträge im § 3 Abs. 2, § 55 Abs. 1 Satz 2, § 57 Abs. 2, § 58 Abs. 2 Satz 3 des Gewerbegerichtsgesetzes vom 29. Juli 1890/30. Juni 1901 in der Fassung der Bekanntmachung vom 29. September 1901 (Reichsgesetzbl. S. 353), der Verordnungen vom 12. Mai und 29. Oktober 1920 (Reichsgesetzbl. S. 958, 1843), der Gesetze vom 14. Januar und 27. November 1922 (Reichsgesetzbl. I S. 155, 887) und vom 15. März 1923 (Reichsgesetzbl. I S. 193) und der Verordnung vom 16. Juni 1923 (Reichsgesetzbl. I S. 384) werden dahin geändert:

1. Im § 3 Abs. 2 sind die Worte „vierundzwanzig Millionen" durch „sechzig Millionen" zu ersetzen.
2. Im § 55 Abs. 1 Satz 2 sind die Worte „eine Million fünfhunderttausend" durch „drei Millionen siebenhundertfünfzigtausend" zu ersetzen.
3. Im § 57 Abs. 2 sind die Worte „eine Million fünfhunderttausend" durch „drei Millionen siebenhundertfünfzigtausend" zu ersetzen.
4. Im § 58 Abs. 2 Satz 3 ist das Wort „sechsunddreißigtausend" durch „neunzigtausend" zu ersetzen.

9. Verordnung vom 9. August 1923 (RGBl. I S. 765).

Artikel I.

Die Geldbeträge im § 3 Abs. 2, § 55 Abs. 1 Satz 2, § 57 Abs. 2, § 58 Abs. 2 Satz 3 des Gewerbegerichtsgesetzes vom 29. Juli 1890/30. Juni 1901 in der Fassung der Bekanntmachung vom 29. September 1901 (Reichsgesetzbl. S. 353), der Verordnungen vom 12. Mai und 29. Oktober 1920 (Reichsgesetzbl. S. 958, 1843), der Gesetze vom 14. Januar und 27. November 1922 (Reichsgesetzbl. I S. 155, 887) und vom 15. März 1923 (Reichsgesetzbl. I S. 193) und der Verordnungen vom 16. Juni und 12. Juli 1923 (Reichsgesetzbl. I S. 384, 614) werden dahin geändert:

1. Im § 3 Abs. 2 sind die Worte „sechzig Millionen" durch „dreihundert Millionen" zu ersetzen.
2. Im § 55 Abs. 1 Satz 2 sind die Worte „drei Millionen

siebenhundertfünfzigtausend" durch „achtzehn Millionen siebenhundertfünfzigtausend" zu ersetzen.

3. Im § 57 Abs. 2 sind die Worte „drei Millionen siebenhundertfünfzigtausend" durch „achtzehn Millionen siebenhundertfünfzigtausend" zu ersetzen.
4. Im § 58 Abs. 2 Satz 3 ist das Wort „neunzigtausend" durch „vierhundertfünfzigtausend" zu ersetzen.

10. Verordnung vom 30. August 1923 (RGBl. I S. 845).

Artikel I.

Die Geldbeträge im § 3 Abs. 2, § 55 Abs. 1 Satz 2, § 57 Abs. 2, § 58 Abs. 2 des Gewerbegerichtsgesetzes vom 29. Juli 1890/30. Juni 1901 in der Fassung der Bekanntmachung vom 29. September 1910 (Reichsgesetzbl. S. 353), der Verordnungen vom 12. Mai und 29. Oktober 1920 (Reichsgesetzbl. S. 958,1843), der Gesetze vom 14. Januar und 27. November 1922 (Reichsgesetzbl. I S. 155, 887) und vom 15. März 1923 (Reichsgesetzbl. I S. 193) und der Verordnungen vom 16. Juni, 12. Juli und 9. August 1923 (Reichsgesetzbl. I S. 384, 614, 765) werden dahin geändert:

1. Im § 3 Abs. 2 sind die Worte „dreihundert Millionen Mark nicht übersteigt" durch die Worte zu ersetzen: „einen Betrag nicht übersteigt, der sich durch Vervielfachung der Grundzahl von fünftausend Mark mit der auf volle Zehntausend nach unten abgerundeten, in der vorangegangenen Kalenderwoche veröffentlichten wöchentlichen Reichsindexziffer für Lebenshaltungskosten ergibt".
2. Im § 55 Abs. 1 Satz 2 sind die Worte „den Betrag von achtzehn Millionen siebenhundertfünfzigtausend Mark übersteigt" durch die Worte zu ersetzen: „den Betrag nicht übersteigt, der sich durch Vervielfachung der Grundzahl von dreihundert Mark mit der auf volle Zehntausend nach unten abgerundeten, in der vorangegangenen Kalenderwoche veröffentlichten wöchentlichen Reichsindexziffer für Lebenshaltungskosten ergibt".

3. Im § 57 Abs. 2 sind die Worte „die Summe von achtzehn Millionen siebenhundertfünfzigtausend Mark nicht übersteigt" durch die Worte zu ersetzen: „die Summe nicht übersteigt, die sich durch Vervielfachung der Grundzahl von dreihundert Mark mit der auf volle Zehntausend nach unten abgerundeten, in der vorangegangenen Kalenderwoche veröffentlichten wöchentlichen Reichsindexziffer für Lebenshaltungskosten ergibt".

4. § 58 Abs. 2 erhält folgende Fassung:

„Dieselbe beträgt bei einem Gegenstand im Werte bis hunderttausend Mark einschließlich dreitausend Mark. Die ferneren Wertklassen steigen um je 10000 Mark, die Gebühren um je dreihundert Mark. Die höchste Gebühr besteht in dem Betrage, der sich durch Vervielfachung der der Grundzahl von dreißig Mark mit der auf volle Zehntausend nach unten abgerundeten, in der vorangegangenen Kalenderwoche veröffentlichten wöchentlichen Reichsindexziffer für Lebenshaltungskosten ergibt."

11. Verordnung vom 6. Juni 1924 (RGBl. I S. 645).

Artikel I.

Die Geldbeträge im § 3 Abs. 2, § 55 Abs. 1 Satz 2, § 57 Abs. 2, § 58 Abs. 2 des Gewerbegerichtsgesetzes vom 29. Juli 1890/30. Juni 1901 in der Fassung der Bekanntmachung vom 26. September 1901 (Reichsgesetzbl. S. 353), der Verordnungen vom 12. Mai und 29. Oktober 1920 (Reichsgesetzbl. S. 958, 1843), der Gesetze vom 14. Januar und 27. November 1922 (Reichsgesetzbl. I S. 155, 887) und vom 15. März 1923 (Reichsgesetzbl. I S. 193) und der Verordnungen vom 16. Juni, 12. Juli, 9. August und 30. August 1923 (Reichsgesetzbl. I S. 384, 614, 765, 845) werden dahin geändert:

1. Im § 3 Abs. 2 sind die Worte „einen Betrag nicht übersteigt, der sich durch Vervielfachung der Grundzahl von fünftausend Mark mit der auf volle Zehntausend nach unten abgerundeten, in der vorangegangenen Kalenderwoche

veröffentlichten wöchentlichen Reichsindexziffer für Lebenshaltungskosten ergibt" durch die Worte zu ersetzen: „fünftausend Goldmark nicht übersteigt".

2. Im § 55 Abs. 1 Satz 2 sind die Worte „den Betrag übersteigt, der sich durch Vervielfachung der Grundzahl von dreihundert Mark mit der auf volle Zehntausend nach unten abgerundeten, in der vorangegangenen Kalenderwoche veröffentlichten wöchentlichen Reichsindexziffer für Lebenshaltungskosten ergibt" durch die Worte zu ersetzen: „dreihundert Goldmark übersteigt".

3. Im § 57 Abs. 2 sind die Worte „die Summe nicht übersteigt, die sich durch Vervielfachung der Grundzahl von dreihundert Mark mit der auf volle Zehntausend nach unten abgerundeten, in der vorangegangenen Kalenderwoche veröffentlichten wöchentlichen Reichsindexziffer für Lebenshaltungskosten ergibt" durch die Worte zu ersetzen: „dreihundert Goldmark nicht übersteigt".

4. § 58 Abs. 2 erhält folgende Fassung:

„Dieselbe beträgt bei einem Gegenstand im Werte bis

20 GM. einschließlich	1,00 GM.
von mehr als 20 GM. bis 50 GM. einschließlich	1,50 „
von mehr als 50 GM. bis 100 GM. einschließlich	3,00 „

Die ferneren Wertsklassen steigen um je einhundert Goldmark, die Gebühren um je drei Goldmark. Die höchste Gebühr beträgt dreißig Goldmark".

Artikel III.

Die Änderungen treten eine Woche nach dem Tage der Verkündung in Kraft.

§ 1. Für die Entscheidung von gewerblichen Streitigkeiten zwischen Arbeitern einerseits und [1]) Arbeitgebern anderseits sowie zwischen Arbeitern desselben Arbeitgebers können Gewerbegerichte errichtet werden.

Die Errichtung erfolgt für den Bezirk einer Gemeinde durch Ortsstatut nach Maßgabe des § 142 der Gewerbeordnung. Die Entscheidung der höheren Verwaltungsbehörde über die Genehmigung des Statuts ist binnen sechs Monaten zu erteilen. Die Entscheidung, durch welche die Genehmigung versagt wird, muß mit Gründen versehen sein.

Mehrere Gemeinden können sich durch übereinstimmende Ortsstatuten zur Errichtung eines gemeinsamen Gewerbegerichts für ihre Bezirke vereinigen. Für die Genehmigung der übereinstimmenden Ortsstatute ist die höhere Verwaltungsbehörde zuständig, in deren Bezirke das Gewerbegericht seinen Sitz haben soll.

Jngleichen kann ein Gewerbegericht für den Bezirk eines weiteren Kommunalverbandes errichtet werden. Die Errichtung erfolgt in diesem Falle nach Maßgabe der Vorschriften, nach welchen Angelegenheiten des Verbandes statutarisch geregelt werden. Die Zuständigkeit eines solchen Gerichts ist ausgeschlossen, soweit die Zuständigkeit eines für eine oder mehrere Gemeinden des Bezirkes bestehenden oder später errichteten Gewerbegerichts begründet ist.

Die Errichtung kann auf Antrag beteiligter Arbeitgeber oder Arbeiter durch Anordnung der Landes-Zentralbehörde erfolgen, wenn ungeachtet einer von ihr an die beteiligten Gemeinden oder den weiteren Kommunalverband ergangenen Aufforderung innerhalb der gesetzten Frist die Errichtung auf dem im Abs. 2 bis 4 vorgesehenen Wege nicht erfolgt ist. Alle Bestimmungen, welche dieses Gesetz dem Statute vorbehält, erfolgen in diesem Falle durch die Anordnung der Landes-Zentralbehörde.

Vor der Errichtung sind sowohl Arbeitgeber als Arbeiter der hauptsächlichen Gewerbezweige und Fabrikbetriebe in entsprechender Anzahl zu hören.

[1]) Durch Art. I VO. vom 14. Januar 1922 (RGBl. S. 155) ist hier das Wort „ihren" gestrichen worden, ohne an dem Sinn oder der Bedeutung der Bestimmung etwas zu ändern.

§ 2. Für Gemeinden, welche nach der jeweilig letzten Volkszählung mehr als zwanzigtausend Einwohner haben, muß ein Gewerbegericht errichtet werden. Die Landes-Zentralbehörde hat erforderlichen Falles die Errichtung nach Maßgabe der Vorschriften des § 1 Abs. 5 anzuordnen, ohne daß es eines Antrags beteiligter Arbeitgeber oder Arbeiter bedarf.

§ 3. Als Arbeiter im Sinne dieses Gesetzes gelten diejenigen Gesellen, Gehilfen, Fabrikarbeiter und Lehrlinge, auf welche der siebente Titel der Gewerbeordnung Anwendung findet.

Imgleichen gelten als Arbeiter im Sinne dieses Gesetzes Betriebsbeamte, Werkmeister und mit höheren technischen Dienstleistungen betraute Angestellte, deren Jahresarbeitsverdienst an Lohn oder Gehalt **fünftausend Goldmark**[1]) nicht übersteigt.

[1]) Der Betrag ist jetzt endgültig festgesetzt durch Art. I VO. vom 6. Juni 1924 (RGBl. I S. 645).

§ 4. Die Gewerbegerichte sind ohne Rücksicht

auf den Wert des Streitgegenstandes zuständig für Streitigkeiten[1]:

1. über den Antritt, die Fortsetzung oder die Auflösung des Arbeitsverhältnisses sowie über die Aushändigung[2]) oder den Inhalt des Arbeitsbuchs, Zeugnisses, Lohnbuchs, Arbeitszettels oder Lohnzahlungsbuchs **und über Erteilung, Form oder Inhalt einer Auskunft des Arbeitgebers über den Arbeiter**[3]);
2. über die Leistungen aus dem Arbeitsverhältnisse;
3. über die Rückgabe von Zeugnissen, Büchern, Legitimationspapieren, Urkunden, Gerätschaften, Kleidungsstücken, Kautionen und dergleichen, welche aus Anlaß des Arbeitsverhältnisses übergeben worden sind;
4. über Ansprüche auf Schadensersatz oder auf Zahlung einer Vertragsstrafe wegen Nichterfüllung oder nicht gehöriger Erfüllung der Verpflichtungen, welche die unter Nr. 1 bis 3 bezeichneten Gegenstände betreffen, sowie wegen gesetzwidriger oder unrichtiger Eintragungen in Arbeitsbücher, Zeugnisse, Lohnbücher, Arbeitszettel, Lohnzahlungsbücher, Krankenkassenbücher oder Quittungskarten **der Angestellten- und Invalidenversicherung, Steuerkarten und ähnliche Urkunden, ferner wegen Einholung, Erteilung, Verweigerung, Form oder Inhalt einer Auskunft des Arbeitgebers über den Arbeiter**[2]);
5. über die Berechnung und Anrechnung der von

den Arbeitern zu leistenden Krankenversicherungsbeiträge und Eintrittsgelder (§§ 53a, 65, 72, 73 des Krankenversicherungsgesetzes);

6. über die Ansprüche, welche auf Grund der Übernahme einer gemeinsamen Arbeit von Arbeitern desselben Arbeitgebers gegeneinander erhoben werden;

7. **die Ansprüche aus einer Vereinbarung, durch die der Arbeiter für die Zeit nach Beendigung des Arbeitsverhältnisses in seiner gewerblichen Tätigkeit beschränkt wird.**

[1]) Ziff. 1 und 4 ist geändert, Ziff. 7 ist neu hinzugefügt. Abs. 2 ist fortgefallen durch Art. I VO. vom 14. Januar 1922 (RGBl. S. 155).

[2]) Das Wort „Form" ist hier nicht wie im KGG. (s. § 5 Ziff. 1) aufgenommen worden.

[3]) Über diese Erweiterung der Kompetenz des Gewerbegerichts gilt das in der Anm. zu § 5 KGG. Gesagte.

§ 5. Zur Zuständigkeit der Gewerbegerichte gehören ferner Streitigkeiten der im § 4 Abs. 1 Nr. 1 bis 5 bezeichneten Art zwischen Personen, welche für bestimmte Gewerbetreibende außerhalb der Arbeitsstätte der letzteren mit Anfertigung gewerblicher Erzeugnisse beschäftigt sind (Heimarbeiter, Hausgewerbetreibende), und ihren Arbeitgebern, sofern die Beschäftigung auf die Bearbeitung oder Verarbeitung der den ersteren von den Arbeitgebern gelieferten Rohstoffe oder Halbfabrikate beschränkt ist. Das gleiche gilt von Streitigkeiten der im § 4 Abs. 1 Nr. 6 bezeichneten Art zwischen solchen Hausgewerbetreibenden untereinander.

Streitigkeiten derjenigen Hausgewerbetreibenden, welche die Rohstoffe oder Halbfabrikate selbst beschaffen, unterliegen der Zuständigkeit der Gewerbegerichte, soweit dies durch das Statut bestimmt ist.

§ 6. Durch die Zuständigkeit eines Gewerbegerichts wird die Zuständigkeit der ordentlichen Gerichte ausgeschlossen.

Schiedsverträge, durch welche die Zuständigkeit der Gewerbegerichte für künftige Streitigkeiten ausgeschlossen wird, sind nur dann rechtswirksam, wenn nach dem Schiedsvertrage bei der Entscheidung von Streitigkeiten Arbeitgeber und Arbeiter in gleicher Zahl unter einem Vorsitzenden mitzuwirken haben, welcher weder Arbeitgeber oder Angestellter eines beteiligten Arbeitgebers, noch Arbeiter ist.

§ 7. Die sachliche Zuständigkeit der Gewerbegerichte kann auf bestimmte Arten von Gewerbe- oder Fabrikbetrieben, die örtliche auf bestimmte Teile des Gemeindebezirkes beschränkt werden.

Die Landes-Zentralbehörde kann die örtliche Zuständigkeit eines von ihr errichteten Gewerbegerichts ausdehnen. Die beteiligten Ortsbehörden sind zuvor zu hören.

§ 8. Die Grenze der Zuständigkeit (§ 7) sowie die Zusammensetzung des Gerichts nach Maßgabe der Bestimmungen dieses Gesetzes ist durch das Statut zu regeln.

§ 9. Die Kosten der Einrichtung und der Unterhaltung des Gerichts sind, soweit sie in dessen Einnahmen ihre Deckung nicht finden, von der Gemeinde oder von dem weiteren Kommunalverbande zu tragen. Soll das Gericht nicht ausschließlich für eine Gemeinde oder einen weiteren Kommunalverband zuständig sein, so ist bei Festsetzung der Zuständigkeit zugleich zu bestimmen, zu welchen Anteilen die einzelnen Bezirke an der Deckung der Kosten teilnehmen.

Gebühren, Kosten und Strafen, welche in Gemäßheit dieses Gesetzes zur Hebung gelangen, bilden Einnahmen des Gerichts.

§ 10. Für jedes Gewerbegericht sind ein Vorsitzender und mindestens ein Stellvertreter desselben sowie die erforderliche Zahl von Beisitzern zu berufen; die Zahl der letzteren soll mindestens vier betragen.

Bei Gewerbegerichten, welche aus mehreren Abteilungen (Kammern) bestehen, können mehrere Vorsitzende bestellt werden.

§ 11. Zum Mitglied eines Gewerbegerichts soll nur berufen werden, wer das **fünfundzwanzigste** [1]) Lebensjahr vollendet hat.

Personen, die zum Amte eines Schöffen unfähig sind (Gerichtsverfassungsgesetz §§ 31, 32) können nicht berufen werden; **Personen weiblichen Geschlechts können jedoch berufen werden.**

[1]) Das Wählbarkeitsalter ist abgeändert, Abs. 1 neugefaßt und Satz 2 dem Abs. 2 hinzugefügt durch Art. I VO. vom 14. Januar 1922 (RGBl. S. 155). Vgl. hierzu Anm. zu § 10 KGG.

§ 12. Der Vorsitzende sowie dessen Stellvertreter dürfen weder Arbeitgeber noch Arbeiter sein.

Sie werden durch den Magistrat und, wo ein

solcher nicht vorhanden ist oder das Statut dies bestimmt, durch die Gemeindevertretung, in weiteren Kommunalverbänden durch die Vertretung des Verbandes auf mindestens ein Jahr gewählt.

§ 13. Die Beisitzer müssen zur Hälfte aus den Arbeitgebern, zur Hälfte aus den Arbeitern entnommen werden.

Die ersteren werden mittels Wahl der Arbeitgeber, die letzteren mittels Wahl der Arbeiter bestellt. Die Wahl ist unmittelbar und geheim. **Sie findet nach den Grundsätzen der Verhältniswahl derart statt, daß neben den Mehrheitsgruppen auch die Minderheitsgruppen entsprechend ihrer Zahl vertreten sind. Hierbei kann die Stimmabgabe auf Vorschlaglisten beschränkt werden, die bis zu einem im Statute festgesetzten Zeitpunkt vor der Wahl einzureichen sind**[1]).

Die Wahl erfolgt auf mindestens ein Jahr und auf höchstens sechs Jahre. Eine Wiederwahl ist zulässig.

[1]) Die beiden letzten Sätze sind dem Abs. 2 hinzugefügt durch Art. I VO. vom 12. Mai 1920 (RGBl. S. 958—960). Hierdurch ist die obligatorische Einführung der Verhältniswahl, wie sie gemäß § 12 KGG. schon für die KG. bestand, an Stelle der fakultativen Zulassung auch für die Gewerbegerichte festgesetzt worden. Diese Abänderung macht eine Änderung des Ortsstatuts überall da notwendig, wo die Verhältniswahl im Statut noch nicht vorgeschrieben ist.

§ 14. Zur Teilnahme an den Wahlen (§ 13) ist nur berechtigt, wer das **zwanzigste Lebensjahr**[1]) vollendet und in dem Bezirke des Gewerbegerichts

Wohnung oder Beschäftigung hat. **Personen, die nach § 11 Abs. 2 nicht berufen werden können, sind nicht wahlberechtigt**[2]).

Ist die Zuständigkeit des Gewerbegerichts auf bestimmte Arten von Gewerbe- oder Fabrikbetrieben beschränkt (§ 7 Abs. 1), so sind nur die Arbeitgeber und Arbeiter dieser Betriebe wählbar und wahlberechtigt.

Mitglieder einer Innung, für welche ein Schiedsgericht in Gemäßheit des § 81b Nr. 4 und der §§ 91 bis 91b der Gewerbeordnung errichtet ist, sowie deren Arbeiter sind weder wählbar noch wahlberechtigt.

[1]) Das aktive Wahlalter ist abgeändert durch Art. I VO. vom 12. Mai 1920 (RGBl. S. 958—960). Vgl. hierzu Anm. zu § 13 KGG.

[2]) Die Fassung des Abs. 2 ist entsprechend der neuen Vorschrift des § 11 durch Art. I VO. vom 14. Januar 1922 (RGBl. S. 155) erfolgt. Vgl. hierzu Anm. zu § 10 KGG. und zu § 11 GGG.

§ 15. Die näheren Bestimmungen über die Wahl und das Verfahren bei derselben werden durch das Statut getroffen. Es kann insbesondere festgesetzt werden, daß bestimmte gewerbliche Gruppen je einen oder mehrere Beisitzer zu wählen haben[1]).

Ist in dem Statute bestimmt, daß die Gemeindebehörde Wahllisten aufzustellen hat, so sind die Polizeibehörden sowie Krankenkassen, welche im Bezirke des Gewerbegerichts bestehen oder eine örtliche Verwaltungsstelle haben, verpflichtet, der Gemeindebehörde auf Verlangen die für die Fertigung der Wählerliste für Arbeitgeber und Arbeitnehmer erforderlichen Auskünfte zu geben, insbesondere Einsicht der Mitgliederverzeichnisse beziehungsweise der Gewerbeanzeigen zu gewähren.

[1]) Der bisherige Satz 3 des Abs. 1 ist durch Art. I der VO. vom 15. Mai 1920 (RGBl. S. 958—960) infolge der durch § 13 nunmehr obligatorischen Einführung der Verhältniswahl gestrichen worden.

§ 16. Als Arbeitgeber im Sinne der §§ 12 bis 14 gelten diejenigen selbständigen Gewerbetreibenden, welche mindestens einen Arbeiter (§ 3) regelmäßig das Jahr hindurch oder zu gewissen Zeiten des Jahres beschäftigen. Den Arbeitgebern stehen im Sinne der bezeichneten Vorschriften die mit der Leitung eines Gewerbebetriebs oder eines bestimmten Zweiges desselben betrauten Stellvertreter der selbständigen Gewerbetreibenden gleich, sofern sie nicht nach § 3 Abs. 2 als Arbeiter gelten.

Inwieweit die nach § 5 der Zuständigkeit der Gewerbegerichte unterstellten Hausgewerbetreibenden als Arbeitgeber oder als Arbeiter wahlberechtigt und wählbar sind, wird durch das Statut bestimmt.

§§ 17—19 sind abgedruckt im Kommentar S. 74 ff.

§ 20. Das Amt der Beisitzer ist ein Ehrenamt. Die Übernahme kann nur aus den Gründen verweigert werden, welche zur Ablehnung eines unbesoldeten Gemeindeamts berechtigen. Wo landesgesetzliche Bestimmungen über die zur Ablehnung von Gemeindeämtern berechtigenden Gründe nicht bestehen, darf die Übernahme nur aus denselben Gründen verweigert werden, aus welchen das Amt eines Vormundes abgelehnt werden kann. Wer das Amt eines Beisitzers sechs Jahre versehen hat, kann während der nächsten sechs Jahre die Übernahme des Amtes ablehnen. Ablehnungsgründe gewählter Beisitzer sind nur zu berücksichtigen, wenn dieselben, nachdem der beteiligte Beisitzer von seiner Wahl in Kenntnis gesetzt ist, schriftlich geltend gemacht werden. Über den Ablehnungsantrag entscheidet die im § 12 Abs. 2 bezeichnete Stelle.

Die Beisitzer erhalten für jede Sitzung, der sie beigewohnt haben, Vergütung etwaiger Reisekosten und eine Entschädigung für Zeitversäumnis. Die Höhe der **Entschädigung** ist durch Statut festzusetzen. **Die Beisitzer aus dem Kreise der Arbeiter erhalten außer der Entschädigung den Unterschied zwischen ihr und dem entgangenen Arbeitsverdienst ersetzt, wenn der Arbeitsverdienst höher ist als die Entschädigung. Die** Zurückweisung der Entschädigung ist unzulässig[1]).

[1]) Der frühere Satz 2 des Abs. 2 ist durch den jetzigen Satz 2 und 3 ersetzt durch Art. I VO. vom 14. Januar 1922 (RGBl. S. 155).

§ 21. Ein Mitglied des Gewerbegerichts, hinsichtlich dessen Umstände eintreten oder bekannt werden, welche die Wählbarkeit zu dem von ihm bekleideten Amte nach Maßgabe dieses Gesetzes ausschließen, ist des Amtes zu entheben. Die Enthebung erfolgt durch die höhere Verwaltungsbehörde nach Anhörung des Beteiligten.

Aus den Arbeitgebern entnommene Beisitzer, die erst nach ihrer Wahl Mitglied einer im § 14

Abs. 3 bezeichneten Innung werden, sowie aus den Arbeitern entnommene Beisitzer, die erst nach ihrer Wahl bei einem Mitglied einer solchen Innung in Arbeit treten, bleiben bis zur nächsten Wahl im Amte.

Ein Mitglied des Gewerbegerichts, welches sich einer groben Verletzung seiner Amtspflicht schuldig macht, kann seines Amtes entsetzt werden. Die Entsetzung erfolgt durch das Landgericht, in dessen Bezirke das Gewerbegericht seinen Sitz hat. Hinsichtlich des Verfahrens und der Rechtsmittel finden die Vorschriften entsprechende Anwendung, welche für die zur Zuständigkeit der Landgerichte gehörigen Strafsachen gelten. Die Klage wird von der Staatsanwaltschaft auf Antrag der höheren Verwaltungsbehörde erhoben.

§ 22. Der Vorsitzende des Gewerbegerichts und dessen Stellvertreter sind vor ihrem Amtsantritte durch den von der höheren Verwaltungsbehörde beauftragten Beamten, die Beisitzer vor der ersten Dienstleistung durch den Vorsitzenden auf die Erfüllung der Obliegenheiten des ihnen übertragenen Amtes eidlich zu verpflichten.

§ 23. Beisitzer, welche ohne genügende Entschuldigung zu den Sitzungen nicht rechtzeitig sich einfinden oder ihren Obliegenheiten in anderer Weise sich entziehen, sind zu einer Ordnungsstrafe bis zu **sechstausend** Mark[1]) sowie in die verursachten Kosten zu verurteilen. Die Verurteilung wird durch den Vorsitzenden ausgesprochen. Erfolgt nachträglich genügende Entschuldigung, so kann die Verurteilung ganz oder teilweise zurückgenommen werden.

Gegen die Entscheidungen findet Beschwerde an das Landgericht statt, in dessen Bezirke das Gewerbegericht seinen Sitz hat. Das Verfahren richtet sich nach den Vorschriften der Strafprozeßordnung.

[1]) Der Betrag ist abgeändert durch Art. I VO. vom 27. November 1922 (RGBl. S. 887). Das Ordnungsstrafwesen ist jetzt endgültig geregelt durch Art. II VO. vom 6. Februar 1924 (RGBl. S. 44) über Vermögensstrafen und Bußen. Danach kann beim Vorliegen des § 23 eine Geldstrafe von mindestens 1 Goldmark und höchstens 1000 Goldmark festgesetzt werden. Vgl. auch Anm. zu § 380 ZPO. über die Entwicklung des Ordnungsstrafwesens. S. 36.

§§ 24—30 sind abgedruckt im Kommentar S. 86, 87 und 90 ff.

§ 31. Rechtsanwälte werden als Prozeßbevollmächtigte oder als Beistand vor dem Gewerbegerichte nicht zugelassen. Das gleiche gilt für Personen, die das Verhandeln vor Gericht geschäftsmäßig betreiben.

Zugelassen werden dagegen Vertreter von Vereinigungen von Arbeitgebern oder Arbeitern, insbesondere Gewerkschaftsbeamte, soweit sie für Mitglieder der vertretenen Vereinigung auftreten und nicht außer für die Vereinigung oder ihre Mitglieder auch für andere Personen vor Gericht gegen Entgelt tätig werden[1]).

[1]) Die neue Fassung des § 31 ist erfolgt durch Art. I VO. vom 14. Januar 1922 (RGBl. S. 155). Der ursprüngliche Regierungsentwurf wollte nur Vertreter von „wirtschaftlichen"

Vereinigungen zulassen. Auf Wunsch des Reichsrats ist aber das Wort wirtschaftlichen schon im Entwurf gestrichen worden. — Die Neubestimmung ist erfolgt, um die bis dahin nicht übereinstimmend entschiedene Frage zu klären, ob ständige Vertreter von Vereinigungen der Arbeitgeber und Arbeitnehmer als Prozeßbevollmächtigte oder Beistände ihrer Mitglieder zu den Personen gehören, die das Verhandeln vor Gericht geschäftsmäßig betreiben. (Siehe Begr. Reichstag I 1920/21 Drucks. Nr. 3089 und Komment. Anm. zu § 31 GGG.) Soweit derartige Vertreter von Vereinigungen Nichtmitglieder vertreten oder außer für Mitglieder für andere Personen gegen Entgelt tätig werden (d. h. Beratung oder Vertretung ausüben), sind sie zurückzuweisen.

§§ 32—41 sind abgedruckt im Kommentar S. 111 ff.

§ 42. Kommt ein Vergleich nicht zustande, so ist über den Rechtsstreit zu verhandeln. Die Leitung der Verhandlung liegt dem Vorsitzenden ob. Derselbe hat dahin zu wirken, daß die Parteien über alle erheblichen Tatsachen sich vollständig erklären, die Beweismittel für ihre Behauptungen bezeichnen und die sachdienlichen Anträge stellen. Derselbe kann jederzeit das persönliche Erscheinen der Parteien anordnen und für den Fall des Nichterscheinens eine Geldstrafe bis zu **zweitausend** [1]) Mark androhen. Gegen die Festsetzung der Strafe findet Beschwerde nach den Bestimmungen der Zivilprozeßordnung statt.

Wird die Fortsetzung der Verhandlung in einem weiteren Termine notwendig, insbesondere weil eine erforderliche Beweisaufnahme nicht sofort bewirkt werden kann, so ist der weitere Termin alsbald zu verkünden. Der zur Beweisaufnahme vor dem Gericht anberaumte Termin ist zugleich zur Fortsetzung der Verhandlung bestimmt.

Erscheinen in dem zur Fortsetzung der Verhandlung bestimmten Termine die Parteien oder eine derselben nicht, so finden die Vorschriften der §§ 39, 40 Anwendung, auch wenn eine Beweisaufnahme vorausgegangen war.

[1]) Der Betrag ist geändert durch Art. I der VO. vom 27. November 1922 (RGBl. S. 887). Das Ordnungsstrafwesen ist jetzt endgültig geregelt durch Art. II VO. vom 6. Februar 1924 (RGBl. S. 44). Danach kann hier eine Geldstrafe von mindestens 1 Goldmark und höchstens 1000 Goldmark festgesetzt werden. Vgl. auch Anm. zu § 380 ZPO. über die Entwicklung des Ordnungsstrafenwesens.

§§ 43—54 sind abgedruckt im Kommentar S. 139 ff.

§ 55. In den vor die Gewerbegerichte gehörigen Rechtsstreitigkeiten finden die Rechtsmittel statt, welche in den zur Zuständigkeit der Amtsgerichte gehörigen bürgerlichen Rechtsstreitigkeiten zulässig sind. Die Berufung ist jedoch nur zulässig, wenn der Wert des Streitgegenstandes **dreihundert Goldmark**[1]) übersteigt. Entscheidungen über die Festsetzung der Kosten einschließlich der gemäß § 52 ergangenen sind nicht anfechtbar.

Als Berufungs- und Beschwerdegericht ist das Landgericht, in dessen Bezirke das Gewerbegericht seinen Sitz hat, zuständig.

Ist für das Rechtsmittel gegen eine Entscheidung des Gewerbegerichts eine Notfrist bestimmt, so beginnt diese für jede Partei mit der an sie bewirkten Zustellung und, sofern auf die Zustellung verzichtet war (§ 32 Abs. 2), mit der Verkündung der Entscheidung. Im übrigen richtet sich die Einlegung des Rechtsmittels und das Verfahren in der Rechtsmittelinstanz nach den Vorschriften der Zivilprozeßordnung. Die Bestimmung im § 569 Abs. 2 der Zivilprozeßordnung über die Einlegung der Beschwerde in den bei einem Amtsgericht anhängigen oder anhängig gewesenen Sachen findet entsprechende Anwendung.

[1]) Der Betrag ist endgültig festgesetzt durch Art. I VO. vom 6. Juni 1924 (RGBl. S. 645).

§ 56. Die Anfechtung einer Entscheidung des Gewerbegerichts kann auf Mängel des Verfahrens bei der Wahl der Beisitzer oder auf Umstände, welche die Wählbarkeit eines Beisitzers zu dem von ihm bekleideten Amte nach Maßgabe dieses Gesetzes ausschließen, nicht gestützt werden. Diese Vorschrift findet keine Anwendung, wenn die Anfechtung darauf gestützt wird, **daß ein Beisitzer zu den Personen gehöre, die nach § 11 Abs. 2 nicht berufen werden können.**

[1]) Die Neufassung des Satzes 2 ist entsprechend der Neufassung des § 11 durch Art. 1 VO. v. 14. Januar 1922 (RGBl. I S. 155) erfolgt.

§ 57. Aus den Endurteilen der Gewerbegerichte, welche rechtskräftig oder für vorläufig vollstreckbar erklärt sind, sowie aus den Vergleichen, welche nach Erhebung der Klage vor dem Gewerbegerichte geschlossen sind, findet die Zwangsvollstreckung statt.

Die der Berufung oder dem Einspruch unterliegenden Urteile sind von Amts wegen für vorläufig vollstreckbar zu erklären, wenn sie die in Nr. 1

des § 4 bezeichneten Streitigkeiten betreffen oder der Gegenstand der Verurteilung an Geld oder Geldeswert **dreihundert Goldmark**[1]) nicht übersteigt.

Die vorläufige Vollstreckbarkeit ist nicht auszusprechen, wenn glaubhaft gemacht wird, daß die Vollstreckung dem Schuldner einen nicht zu ersetzenden Nachteil bringen würde; auch kann sie von einer vorgängigen Sicherheitsleistung abhängig gemacht werden.

Im übrigen finden auf die Zwangsvollstreckung sowie auf den Arrest und die einstweiligen Verfügungen die Vorschriften im achten Buche der Zivilprozeßordnung Anwendung. Die für den Beginn der Zwangsvollstreckung erforderlichen Zustellungen (§§ 750, 751, 798 der Zivilprozeßordnung) sind, soweit sie nicht bereits vorher erfolgt sind, auf Antrag des Gläubigers durch das Gewerbegericht zu bewirken.

[1]) Der Betrag ist endgültig festgesetzt durch Art. I VO. vom 6. Juni 1924 (RGBl. I S. 645). Über das Verhältnis der Bestimmungen des § 57 zu den Vorschriften der ZPO. siehe Anm. zu § 708 ZPO. S. 151 ff.

§ 58. Für die Verhandlung des Rechtsstreits vor den Gewerbegerichten wird eine einmalige Gebühr nach dem Werte des Streitgegenstandes erhoben.

Dieselbe beträgt bei einem Gegenstand im Werte

bis **20 Goldmark einschließlich**	1.00 GM.
von mehr als **20 Goldmark bis 50 Goldmark einschließlich**	1.50 „
von mehr **als 50 Goldmark bis 100 Goldmark einschließlich**	3.00 „

Die ferneren Wertsklassen steigen um je einhundert **Goldmark**, die Gebühren um je **drei Goldmark**. Die höchste Gebühr beträgt **dreißig Goldmark**[1]).

Wird der Rechtsstreit durch Versäumnisurteil oder durch eine auf Grund eines Anerkenntnisses oder einer Zurücknahme der Klage erlassene Entscheidung erledigt ohne daß eine kontradiktorische Verhandlung vorhergegangen war, so wird eine Gebühr in Höhe der Hälfte der oben bezeichneten Sätze erhoben.

Wird ein zur Beilegung des Rechtsstreits abgeschlossener Vergleich aufgenommen, so wird eine Gebühr nicht erhoben, auch wenn eine kontradiktorische Verhandlung vorausgegangen war.

Schreibgebühren kommen nicht in Ansatz. Für Zustellungen werden bare Auslagen nicht erhoben. Im übrigen findet die Erhebung der Auslagen nach Maßgabe des § 79 des Gerichtskostengesetzes statt. Der § 2 desselben findet Anwendung.

Durch das Statut (§ 1 Abs. 2 bis 4) kann vorgeschrieben werden, daß Gebühren und Auslagen in geringerem Betrag oder gar nicht erhoben werden.

[1]) Die Beträge des Abs. 2 sind endgültig festgesetzt durch Art. I VO. vom 6. Juni 1924 (RGBl. S. 645).

§§ **59—61** sind abgedruckt im Kommentar S. 172ff.

Die §§ **62—74** und § **82** Abs. 2 Nr. 6 sind aufgehoben[1]).

[1]) Durch Art. III § 3 Ziff. 3 der VO. über das Schlichtungswesen vom 30. Oktober 1923 (RGBl. I S. 1043). Damit ist die Tätigkeit des GG. als Einigungsamt erloschen.

Vierter Abschnitt.

Gutachten und Anträge der Gewerbegerichte.

§ 75. Das Gewerbegericht ist verpflichtet, auf Ansuchen von Staatsbehörden oder des Vorstandes des Kommunalverbandes, für welchen es errichtet ist, Gutachten über gewerbliche Fragen abzugeben.

Das Gewerbegericht ist berechtigt, in gewerblichen Fragen Anträge an Behörden, an Vertretungen von Kommunalverbänden und an die gesetzgebenden Körperschaften der Bundesstaaten oder des Reichs zu richten.

Zur Vorbereitung oder Abgabe von Gutachten sowie zur Vorbereitung von Anträgen können Ausschüsse aus der Mitte des Gewerbegerichts gebildet werden.

Diese Ausschüsse müssen, sofern es sich um Fragen handelt, welche die Interessen beider Teile berühren, zu gleichen Teilen aus Arbeitgebern und Arbeitern zusammengesetzt sein.

Das Nähere bestimmt das Statut.

Fünfter Abschnitt.

Verfahren vor dem Gemeindevorsteher.

§ 76. Ist ein zuständiges Gewerbegericht nicht vorhanden, so kann bei Streitigkeiten der im § 4 Abs. 1 Nr. 1 und 5 bezeichneten Art jede Partei die vorläufige Entscheidung durch den Vorsteher der Gemeinde (Bürgermeister, Schultheiß, Ortsvorsteher usw.) nachsuchen. Zuständig ist der Vorsteher der Gemeinde, in deren Bezirke die streitige Verpflichtung aus dem Arbeitsverhältnisse zu erfüllen ist oder sich die gewerbliche Niederlassung des Arbeitgebers befindet oder beide Parteien ihren Wohnsitz haben.

Den Parteien ist Gelegenheit zu geben, ihre Ausführungen und Beweismittel in einem Termine vorzubringen. Eine Beweisaufnahme durch Ersuchen anderer Behörden findet nicht statt; Vereidigungen sind nicht zulässig.

Kommt ein Vergleich zustande, so ist ein Protokoll darüber aufzunehmen und von den Parteien und dem Gemeindevorsteher zu unterschreiben.

§ 77. Die Entscheidung des Gemeindevorstehers ist schriftlich abzufassen; sie geht in Rechtskraft über, wenn nicht binnen einer Notfrist von zehn Tagen von einer der Parteien Klage bei dem ordentlichen Gericht erhoben wird. Die Frist beginnt mit der Verkündung, gegen eine bei der Verkündung nicht anwesende Partei mit der Behändigung der Entscheidung.

Die Entscheidungen des Gemeindevorstehers sind von Amts wegen für vorläufig vollstreckbar zu erklären.

Die vorläufige Vollstreckbarkeit ist nicht auszusprechen, wenn glaubhaft gemacht wird, daß die Vollstreckung dem Schuldner einen nicht zu ersetzenden Nachteil bringen würde; auch kann sie von einer vorgängigen Sicherheitsleistung abhängig gemacht werden.

Ist rechtzeitig Klage erhoben, so findet der § 707 der Zivilprozeßordnung entsprechende Anwendung.

§ 78. Die vor dem Gemeindevorsteher geschlossenen Vergleiche sowie die rechtskräftigen oder vollstreckbaren Entscheidungen desselben sind, sofern die Partei es beantragt, auf Ersuchen des Gemeindevorstehers durch die Ortspolizeibehörde nach den Vorschriften über das Verwaltungszwangsverfahren zu vollstrecken. Ein unmittelbarer Zwang zur Vornahme einer Handlung ist nur im Falle des § 127d der Gewerbeordnung zulässig; die Leistung von Diensten aus einem Dienstvertrage kann durch Geldstrafen nicht erzwungen werden. Wo ein Verwaltungszwangsverfahren nicht besteht, finden die Bestimmungen über die Zwangsvollstreckung in bürgerlichen Rechtsstreitigkeiten Anwendung.

§ 79. Der Gemeindevorsteher kann die Wahrnehmung der ihm nach den §§ 76 bis 78 obliegenden Geschäfte mit Genehmigung der höheren Verwaltungsbehörde einem Stellvertreter übertragen. Derselbe muß aus der Mitte der Gemeindeverwaltung oder Gemeindevertretung auf mindestens ein Jahr berufen werden. Die Berufung ist öffentlich bekannt zu machen.

§ 80. Durch Anordnung der Landes-Zentralbehörde kann an Stelle des Gemeindevorstehers ein zur Vornahme von Sühneverhandlungen über streitige Rechtsangelegenheiten staatlich bestelltes Organ mit Wahrnehmung der in den §§ 76 bis 78 aufgeführten Geschäfte beauftragt werden. Die Anordnung ist öffentlich bekannt zu machen.

Sechster Abschnitt.

Schlußbestimmungen.

§ 81. Die Bestimmungen dieses Gesetzes finden keine Anwendung auf Gehilfen und Lehrlinge in Apotheken und Handelsgeschäften sowie auf Arbeiter, welche in den unter der Militär- oder Marineverwaltung stehenden Betriebsanlagen beschäftigt sind.

§ 82. Auf Streitigkeiten der in Bergwerken, Salinen, Aufbereitungsanstalten und unterirdisch betriebenen Brüchen und Gruben beschäftigten Arbeiter mit ihren Arbeitgebern finden die Bestimmungen dieses Gesetzes mit der Maßgabe Anwendung, daß die Errichtung von Gewerbegerichten, deren Zuständigkeit auf die vorbezeichneten Betriebe beschränkt wird, unabhängig von den Voraussetzungen des § 1 Abs. 5 durch Anordnung des Landes-Zentralbehörde erfolgen kann.

Für die auf Grund der letzteren Bestimmung errichteten Gewerbegerichte gelten nachstehende besondere Vorschriften:

1. Die Bestimmung des letzten Satzes im Abs. 2 des § 7 findet keine Anwendung.
2. Durch die Zuständigkeit eines solchen Gerichts wird die Zuständigkeit anderer innerhalb seines Bezirkes bestehender oder später errichteter Gewerbegerichte ausgeschlossen.
3. Die Kosten der Gewerbegerichte werden, soweit sie in deren Einnahmen nicht Deckung finden, vom Staate getragen.

4. Der Vorsitzende und dessen Stellvertreter werden von der Landes-Zentralbehörde ernannt. Zur Bewirkung der Zustellungen können an Stelle der Gerichtsvollzieher oder Gemeindebeamten (§ 25 Abs. 2) andere Beamte verwendet werden.
5. Inwieweit den Arbeitgebern im Sinne der §§ 12 bis 14 die mit der Leitung eines Betriebs oder eines bestimmten Zweiges desselben betrauten Stellvertreter der selbständigen Gewerbetreibenden gleichstehen, wird durch Anordnung der Landes-Zentralbehörde bestimmt.

§ 83. Soweit nach den Vorschriften des Krankenversicherungsgesetzes die Entscheidung von Streitigkeiten über die Berechnung und Anrechnung von Versicherungsbeiträgen und Eintrittsgeldern in Gemäßheit dieses Gesetzes zu erfolgen hat, finden die Vorschriften der §§ 76 bis 80 auch dann Anwendung, wenn es sich um Versicherungsbeiträge anderer als der im § 3 bezeichneten Arbeiter handelt. Die Zuständigkeit des Gemeindevorstehers wird in diesem Falle nicht dadurch ausgeschlossen, daß ein Gewerbegericht für die Gemeinde errichtet ist.

§ 84. Die Zuständigkeit der Innungen zur Entscheidung von Streitigkeiten zwischen Arbeitgebern und ihren Lehrlingen (Gewerbeordnung § 81a Nr. 4, § 81b Nr. 4) sowie die Zuständigkeit der Innungsschiedsgerichte (Gewerbeordnung §§ 91 bis 91b) erleiden durch dieses Gesetz keine Einschränkung.

Durch die Zuständigkeit einer Innung oder eines Innungsschiedsgerichts wird die Zuständigkeit eines für den Bezirk der Innung bestehenden oder später errichteten Gewerbegerichts ausgeschlossen.

§ 85. Die nach § 14 Nr. 4 des Gerichtsverfassungsgesetzes zugelassenen, auf Grund der Landesgesetze zur Entscheidung gewerblicher Streitigkeiten berufenen Gewerbegerichte werden mit dem 1. April 1892 aufgehoben, sofern nicht bis zu diesem Zeitpunkt ihre Zusammensetzung den Bestimmungen des § 13 Abs. 1 und 2 entspricht. Auf die Vertretung der Parteien vor den bezeichneten Gerichten finden die Bestimmungen des § 31 Anwendung.

Sofern diese Gerichte den vorbezeichneten Erfordernissen entsprechen, erleidet ihre Zuständigkeit durch dieses Gesetz keine Einschränkung.

§ 86. In dem Verhältnisse der Innungen, der Innungsschiedsgerichte und der im § 85 bezeichneten Gewerbegerichte zu den ordentlichen Gerichten und zu den gemäß § 1 errichteten Gewerbegerichten finden die Vorschriften des § 28 entsprechende Anwendung.

§ 87. Streitigkeiten, welche, bevor ein für dieselben zuständiges Gewerbegericht bestand, anhängig geworden sind, werden von den bis dahin zuständig gewesenen Behörden erledigt.

§ 88. Die Zentralbehörden der Bundesstaaten bestimmen, welche Verbände als weitere Kommunalverbände im Sinne dieses Gesetzes anzusehen, von welchen Organen der Gemeinden und weiteren Kommunalverbände die Statuten über Errichtung von Gewerbegerichten zu beschließen und von welchen Staats- oder Gemeindeorganen die übrigen in diesem Gesetze den Staats- oder Gemeindebehörden sowie den Vertretungen der Gemeinden und weiteren Kommunalverbände zugewiesenen Verrichtungen wahrzunehmen sind.

Mit den von der höheren Verwaltungsbehörde wahrzunehmenden Geschäften können jedoch nur diejenigen höheren Verwaltungsbehörden betraut werden, welche nach Landesrecht die Aufsicht oder Oberaufsicht in Gemeindeangelegenheiten wahrzunehmen haben; auf die in Gemäßheit des § 82 errichteten Gewerbegerichte findet diese Bestimmung keine Anwendung.

III. Verordnung über das Schlichtungswesen.

Vom 30. Oktober 1923 (RGBl. I S. 1043).

Auf Grund des Ermächtigungsgesetzes vom 13. Oktober 1923 (Reichsgesetzbl. I S. 943) verordnet die Reichsregierung bis zur endgültigen gesetzlichen Regelung:

Artikel II.

Entlastung der Schlichtungsausschüsse.

§ 1. In den Fällen

1. der §§ 82 bis 90 des Betriebsrätegesetzes,
2. der §§ 8, 18, 19 der Verordnung, betreffend eine vorläufige Landarbeitsordnung, vom 24. Januar 1919 (Reichsgesetzbl. S. 111),
3. des § 99 des Reichsversorgungsgesetzes in der Fassung vom 30. Juni 1923 (Reichsgesetzbl. I S. 523),
4. des § 39 Abs. 2, der §§ 41, 44 Abs. 1, des § 56 Abs. 2 in Verbindung mit §§ 39, 41, des § 60 in Verbindung mit § 39 des Betriebsrätegesetzes,
5. des § 43 Abs. 2, § 44 Abs. 4 Satz 2, § 52 Abs. 1, 2, § 53 in Verbindung mit § 52, des § 56 Abs. 2 in Verbindung mit § 43, des § 60 in Verbindung mit § 43, des § 80 Abs. 2, der §§ 93, 97, 98 des Betriebsrätegesetzes

sind die Arbeitsgerichte[1]) ausschließlich zuständig.

[1]) Zurzeit bestehen Arbeitsgerichte noch nicht. Als Arbeitsgerichte gelten aber bis zu ihrer Einführung die KG. und

GG. sowie im Falle, daß in einem Bezirke letztere nicht vorhanden sind, auch die Schlichtungsausschüsse (§ 2). Amtsgerichte oder Schiedsgerichte kommen niemals in Frage, da die Arbeitsgerichte ausschließlich zuständig sind. Daher haben alle Gerichte ihre Zuständigkeit von Amts wegen zu prüfen. Ist ein unzuständiges Gericht angegangen, so ist eine gegenseitige Überweisung durch Beschluß zwischen dem KG., GG. und ordentlichen Gerichten allgemein zulässig und geboten, und zwar zwischen KG. und GG. unter sich schon gemäß § 16 KGG. und zwischen KG. bzw. GG. und arbeitsgerichtlichen Kammern der Schlichtungsausschüsse einerseits und den ordentlichen Gerichten anderseits gemäß § 276 ZPO., der den jetzt fortgefallenen bisher nur für die Amtsgerichte geltenden § 505 ZPO. (Kammergericht in GKG., 27. Jahrg., Sp. 126 und 253) allgemein ersetzt und gemäß Art. II § 4 der AVO. zur SchlO. in Verbindung mit § 26 GGG. zur Anwendung kommt. (Vgl. hierzu auch Vorbemerkung und Kommentar Anm. 3 zu Abs. 3 des § 16 KGG. Der Beschluß ergeht gemäß § 16 KGG. von Amts wegen, gemäß § 276 ZPO. auf Antrag. Die Überweisung durch Beschluß ist auch im Beschlußverfahren zulässig.

Zu Ziff. 1: Betriebsrätegesetz.

§ 81. Die gemäß § 78 Ziffer 8 vereinbarten Richtlinien müssen die Bestimmung enthalten, daß die Einstellung eines Arbeitnehmers nicht von seiner politischen, militärischen, konfessionellen oder gewerkschaftlichen Betätigung, von der Zugehörigkeit oder Nichtzugehörigkeit zu einem politischen, konfessionellen oder beruflichen Verein oder einem militärischen Verband abhängig gemacht werden darf. Sie dürfen nicht bestimmen, daß die Einstellung von der Zugehörigkeit zu einem bestimmten Geschlecht abhängig sein soll.

Die Vorschriften des Abs. 1 gelten nicht für die im § 67 genannten Betriebe, soweit die Eigenart ihrer Bestrebungen es bedingt.

Einstellungen, die auf einer gesetzlichen, tarifvertraglichen oder durch Schiedsspruch eines Schlichtungsausschusses oder einer vereinbarten Einigungs- oder Schiedsstelle auferlegten Verpflichtung beruhen, gehen den Richtlinien in jedem Falle vor.

Im Rahmen der Richtlinien hat über Einstellung des einzelnen Arbeitnehmers der Arbeitgeber allein ohne Mitwirkung oder Aufsicht des Arbeiterrats oder Angestelltenrats zu entscheiden.

§ 78. Der Arbeiterrat und der Angestelltenrat oder, wo ein solcher nicht besteht, der Betriebsrat, hat die Aufgabe,

Ziff. 1—7.

8. soweit eine tarifliche Regelung nicht besteht, nach Maßgabe der §§ 81—83 mit dem Arbeitgeber Richtlinien über die Einstellung von Arbeitnehmern der Gruppe in den Betrieb zu vereinbaren.

§ 67. Auf Betriebe, die politischen, gewerkschaftlichen, militärischen, konfessionellen, wissenschaftlichen, künstlerischen und ähnlichen Bestrebungen dienen, findet § 66 Ziffer 1 und 2 keine Anwendung, soweit die Eigenart dieser Bestrebungen es bedingt.

§ 66. Der Betriebsrat hat die Aufgabe:

1. in Betrieben mit wirtschaftlichen Zwecken die Betriebsleitung durch Rat zu unterstützen,

um dadurch mit ihr für einen möglichst hohen Stand und für möglichste Wirtschaftlichkeit der Betriebsleistungen zu sorgen;

2. in Betrieben mit wirtschaftlichen Zwecken an der Einführung neuer Arbeitsmethoden fördernd mitzuarbeiten.

§ 82. Wird gegen die vereinbarten Richtlinien verstoßen, so kann der Arbeiterrat oder Angestelltenrat[1]) binnen fünf[2]) Tagen nach Kenntnis von dem Verstoße, jedoch nicht später als vierzehn[2]) Tage nach dem Dienstantritt, Einspruch erheben[3]).

Die Gründe für den Einspruch und die Beweisunterlagen sind vom Arbeiterrat oder Angestelltenrat bei den Verhandlungen mit dem Arbeitgeber vorzubringen.

Wird bei diesen Verhandlungen eine Einigung nicht erzielt, so kann der Arbeiterrat oder Angestelltenrat binnen drei Tagen[2]) nach Beendigung der Verhandlungen den zuständigen Schlichtungsausschuß oder eine vereinbarte Schiedsstelle[4]) anrufen[5]).

Der Einspruch gegen die Einstellung und die Anrufung des Schlichtungsausschusses oder der Schiedsstelle hat keine aufschiebende oder auflösende Wirkung.

[1]) Nur der Arbeiter- oder Angestelltenrat (sog. Gruppenrat), nicht dagegen der Betriebsrat, der Betriebsobmann oder gar der betreffende Angestellte kann den Einspruch erheben.

[2]) Die Fristen sind Ausschlußfristen und können vertraglich nicht verlängert werden. Berechnung nach §§ 187, 188 BGB. Gegen die Versäumung der Frist ist nur die Wiedereinsetzung in den vorigen Stand gegeben. (Siehe § 90 BRG.) Die drei-

tägige Frist im Abs. 3 beginnt nach Beendigung der Verhandlungen; der Tag der Beendigung derselben wird nicht mitgerechnet. Eine Frist für die Dauer der Verhandlungen ist nicht bestimmt.

[3]) Der Einspruch ist beim Arbeitgeber schriftlich oder mündlich zu erheben. Daß auch die Gründe schon bei der Erhebung des Einspruchs angegeben werden müssen, ist nicht zwingende Voraussetzung.

[4]) Jetzt ausschließlich die Arbeitsgerichte.

[5]) Alle Voraussetzungen für den bis zur Anrufung des Gerichts vorgeschriebenen Beschwerdeweg müssen ausnahmslos erfüllt sein und sind von Amts wegen zu prüfen. Z. B. bewirkt der verspätet eingelegte Einspruch auch dann Unzulässigkeit der Klage, obwohl sich der Arbeitgeber trotz Kenntnis der Verspätung auf Verhandlungen eingelassen hat. Nur die Gründe, die Gegenstand der Verhandlungen waren, sind bei der Klage zu berücksichtigen.

§ 83. Über den Einspruch wird im Schlichtungsverfahren[1]) endgültig entschieden. Vor der Entscheidung ist der Eingestellte tunlichst zu hören. Geht die Entscheidung dahin, daß ein Verstoß gegen die vereinbarten Richtlinien vorliegt, so kann darin zugleich ausgesprochen werden, daß das Dienstverhältnis des Eingestellten als mit dem Eintritt der Rechtskraft der Entscheidung unter Einhaltung der gesetzlichen Kündigungsfrist gekündigt gilt. Die Entscheidung schafft Recht zwischen dem beteiligten Arbeitgeber und Arbeitnehmer[2]).

[1]) Jetzt gemäß der Bestimmungen in §§ 3 und 4 der AVO.

[2]) Der Urteilstenor lautet entweder dahin: der Einspruch ist unbegründet, die Klage wird abgewiesen oder der Einspruch ist begründet, die Einstellung des Arbeitnehmers ist unzulässig. Da aus einem derartigen Urteil die Zwangsvollstreckung

nicht möglich ist, hat das Gesetz aus Zweckmäßigkeitsgründen vorgesehen, daß das Gericht zugleich aussprechen kann (nicht muß), daß das Dienstverhältnis des Eingestellten als mit dem Eintritt der Rechtskraft der Entscheidung unter Einhaltung der gesetzlichen (nicht vertraglichen) Kündigungsfrist gekündigt gilt. Die Entscheidung ist endgültig und auch für die Gerichte verbindlich. Über die Kosten siehe § 58 GGG. und § 4 AVO.

§ 84. Arbeitnehmer können im Falle der Kündigung[1]) seitens des Arbeitgebers binnen fünf Tagen nach der Kündigung Einspruch erheben, indem sie den Arbeiter- oder Angestelltenrat[2]) anrufen:

1. wenn der begründete Verdacht vorliegt, daß die Kündigung wegen der Zugehörigkeit zu einem bestimmten Geschlechte, wegen politischer, militärischer, konfessioneller oder gewerkschaftlicher Betätigung oder wegen Zugehörigkeit oder Nichtzugehörigkeit zu einem politischen, konfessionellen oder beruflichen Verein oder einem militärischen Verband erfolgt ist;
2. wenn die Kündigung ohne Angabe von Gründen erfolgt ist[3]);
3. wenn die Kündigung deshalb erfolgt ist, weil der Arbeitnehmer sich weigerte, dauernd andere Arbeit als die bei der Einstellung vereinbarte zu verrichten;
4. wenn die Kündigung sich als eine unbillige, nicht durch das Verhalten des Arbeitnehmers oder durch die Verhältnisse des Betriebs bedingte Härte darstellt.

Erfolgt die Kündigung fristlos aus einem Grunde,

der nach dem Gesetz zur Kündigung des Dienstverhältnisses ohne Einhaltung einer Kündigungsfrist berechtigt, so kann der Einspruch auch darauf gestützt werden, daß ein solcher Grund nicht vorliegt[4]).

[1]) Nur im Falle der Kündigung. Voraussetzung für die Anwendbarkeit des § 84 ist also, daß ein der Kündigung unterliegendes Arbeitsverhältnis vorliegt. Der Zeit nach fest bestimmte Vertragsverhältnisse z. B. für die Saison, Lehrverträge, Abkommen über Notstandsarbeiten fallen nicht hierunter.

[2]) Nur der Gruppenrat kann angerufen werden, niemals der Betriebsrat oder Betriebsobmann. Ist ein Gruppenrat nicht vorhanden, so ist ein Verfahren nach §§ 84 ff. ausgeschlossen. Anderseits ist die Ausschließung der Rechte des Arbeitnehmers aus §§ 84 ff. durch Vertrag wirkungslos.

Die fünftägige Frist im Abs. 1 ist Ausschlußfrist. S. hierüber Anm. 2 zu § 82. Über die Berechnung der Fristen s. auch Anm. 1 zu § 86. Der Einspruch kann auch mündlich erhoben werden.

[3]) Die spätere Angabe von Gründen dürfte genügen. Für den Arbeitgeber wird es sich zwar empfehlen, dem Angestellten die Gründe der Kündigung alsbald mitzuteilen, weil er sich sonst der Gefahr eines Einspruchsverfahrens aussetzt. Für die Entscheidung aber, ob eine Kündigung gerechtfertigt ist oder nicht, kann nur von Einfluß sein, ob ein wirklicher Grund zur Zeit der Kündigung bestanden hat. Wenn diese Tatsache vor dem Arbeitsgericht nachgewiesen wird, muß nach diess. Ansicht der Einspruch zurückgewiesen werden. Der Arbeitnehmer kann durch den Einspruch lediglich den Arbeitgeber zwingen, den Kündigungsgrund anzugeben. Es entspricht aber nicht dem Sinn und dem Zweck des § 84, daß aus einem rein formellen Grund, weil die Angabe der Gründe unterblieben ist, eine an und für sich gerechtfertigte Kündigung für ungültig erklärt werden sollte. Siehe auch Dersch S. 259, Anm. zu § 84.

[4]) Hiernach kann der Einspruch außer auf die Gründe Abs. 1 Ziff. 1—4 auch darauf gestützt werden, daß ein gesetzlicher Grund zur fristlosen Entlassung nicht vorliegt. Das Arbeitsgericht hat also, falls nicht Aussetzung bis zur Entscheidung durch das Gericht gemäß § 86 (s. Anm. dazu) erfolgt, zunächst über diesen Grund sich schlüssig zu machen. Wird ein Grund zur fristlosen Entlassung festgestellt, so ist damit jeder weitere Einspruch auch bzgl. einer Kündigung im Sinne des Abs. 1 Ziff. 1—4 unbegründet. Wird die fristlose Entlassung nicht für gerechtfertigt erklärt, so ist, falls es beantragt war, weiter zu prüfen, ob der Einspruch gegen die Kündigung im Sinne Abs. 1 Ziff. 1—4 begründet ist. Hierbei ist davon auszugehen, daß jede fristlose Entlassung auch gleichzeitig eine Kündigung enthält, so daß bei Ungültigkeit der fristlosen Entlassung immer noch die Kündigung bestehen bleibt.

§ 85. Das Recht des Einspruchs nach § 84 Ziffer 1 gilt nicht für die im § 67 genannten Betriebe, soweit die Eigenart ihrer Bestrebungen es bedingt[1]).

Das Recht des Einspruchs besteht nicht

1. bei Entlassungen, die auf einer gesetzlichen oder tarifvertraglichen oder durch Schiedsspruch eines Schlichtungsausschusses oder einer vereinbarten Einigungs- oder Schiedsstelle auferlegten Verpflichtung beruhen;
2. bei Entlassungen, die durch gänzliche oder teilweise Stillegung des Betriebes erforderlich werden[2]).

[1]) Dazu Dersch, Anm. 1a zu § 85.

§ 81 Abs. 2 findet hier ebenfalls sinngemäße Anwendung.

[2]) Das Arbeitsgericht hat nicht darüber zu entscheiden, ob die gänzliche oder teilweise Stillegung erforderlich war. Ebensowenig kommt es auf die Dauer der Stillegung an. Darüber, wann teilweise Stillegung vorliegt, herrscht keine

einige Meinung. Die Mehrzahl nimmt eine solche nur an, wenn ein wirklicher Teil des Betriebes aussetzt. Gegenteilige Ansicht wird vertreten und äußert sich dahin, daß auch erhebliche Verringerung des Personals als teilweise Stillegung angesehen werden könne. Nach dem Wortlaut des Gesetzes ist zweifellos die allgemeine Ansicht zutreffend, indessen muß zugegeben werden, daß erhebliche Verringerungen des Personals nicht immer notwendigerweise in demselben Maße Einschränkungen des Betriebes mit sich bringen, so daß sich auch Fälle denken lassen, die ohne einen Teil des Betriebes direkt stillzulegen, im Effekt einer teilweisen Stillegung gleichkommen. Die letztere Ansicht führt hierfür als Beispiel einheitliche Betriebe an, die nicht in einzelne nebeneinander arbeitende Abteilungen zu trennen sind. Das Richtige ist wohl, den Tatbestand des Einzelfalles entscheiden zu lassen.

§ 86. Bei der Anrufung müssen die Gründe des Einspruchs dargelegt und die Beweise ihrer Berechtigung vorgebracht werden. Erachtet der Arbeiterrat oder Angestelltenrat die Anrufung für begründet, so hat er zu versuchen, durch Verhandlungen eine Verständigung mit dem Arbeitgeber herbeizuführen. Gelingt diese Verständigung binnen einer Woche nicht, so kann der Arbeiter- oder Angestelltenrat oder der betroffene Arbeitnehmer binnen weiteren fünf Tagen den Schlichtungsausschuß anrufen[1]).

Im Falle des § 84 Abs. 2 hat der Schlichtungsausschuß das Verfahren auszusetzen, wenn auf Grund der Kündigung ein gerichtliches Verfahren anhängig ist oder die Aussetzung des Verfahrens zur Herbeiführung einer gerichtlichen Entscheidung von einer der Parteien beantragt wird. Das Verfahren nimmt seinen Fortgang, wenn nicht binnen vier Wochen seit der Stellung des Antrags auf Aussetzung die Erhebung der Klage nachgewiesen ist oder wenn eine rechtskräftige gerichtliche Entscheidung vorliegt, wonach die Berechtigung zur fristlosen Entlassung verneint ist[2]).

Der Einspruch gegen die Kündigung und die Anrufung des Schlichtungsausschusses haben keine aufschiebende Wirkung.

[1]) § 86 Abs. 1 regelt den beim Einspruchsverfahren zu beobachtenden Beschwerdeweg. Zunächst ist hervorzuheben, daß dieser Weg streng formalistisch einzuhalten ist und daß jede Abweichung davon und jede Unterlassung einer Vorschrift die Unzulässigkeit dieses Verfahrens zur Folge hat. Z. B. wenn Verständigungsverhandlungen (siehe nachstehend) seitens des Gruppenrats gar nicht versucht worden sind. Das Arbeitsgericht hat alle Voraussetzungen und die Einhaltung der Fristen von Amts wegen zu prüfen. Entgegenstehende vertragliche Abmachungen sind unzulässig und unbeachtlich.

Hiernach kann also der Arbeitnehmer binnen 5 Tagen, beginnend vom folgenden Tage nach dem Tage, an welchem ihm die Kündigung mündlich oder schriftlich (§§ 130 ff. BGB.) zugegangen ist, beim Gruppenrat (Anm. 2 zu § 84) Einspruch erheben. Dieser hat darauf die Gründe des Einspruchs zu prüfen. Erachtet er die Anrufung für unbegründet, so entfällt damit jede weitere Möglichkeit, das Einspruchsverfahren fortzusetzen. Andernfalls beginnt anschließend an den Tag der Anrufung des Gruppenrats, spätestens an den Ablauf der obigen 5 Tage die einwöchige Frist, innerhalb deren der Gruppenrat eine Verständigung mit dem Arbeitgeber herbeiführen kann. Kommt diese Einigung nicht zustande, so kann der Gruppenrat oder der Arbeitnehmer binnen weiteren 5 Tagen (Berechnung siehe nachstehend) die Klage beim Arbeitsgericht erheben.

Hierbei ist zu bemerken, daß die Initiative zur Fortführung des Verfahrens in jeder Lage bei dem Arbeitnehmer verbleibt.

Er ist jederzeit befugt, auch gegen den Willen des im eigenen Namen klagenden Gruppenrates die Einstellung des Verfahrens bzw. die Rücknahme der Klage zu bewirken. Bestritten ist, wann die 5tägige Frist für die Klageerhebung beginnt. Ein Teil nimmt an, daß dies erst unmittelbar nach Ablauf der einwöchigen Verhandlungsfrist geschieht. Diesseitiger Ansicht nach beginnt diese Frist, falls vor dem letzten Tage der einwöchigen Verhandlungsfrist eine Einigung zwischen Arbeitgeber und Gruppenrat endgültig nicht zustande kommt, mit dem Tage nach dem Tage, an dem die Verhandlungen endgültig gescheitert sind. Dies ist auch aus dem Wortlaut des Gesetzes zu folgern, wenn man die Worte „weiteren fünf Tagen" richtig auf das Wort „Verständigung" bezieht. Das Verfahren soll nach seinem Zweck so schnell wie möglich durchgeführt werden und muß sich daher wie auch im § 82 Abs. 3 so eng wie möglich zusammenschließen. Wenn auch für die Verhandlungen eine Höchstzeit von 1 Woche bewilligt worden ist, so ist nicht einzusehen, warum nach endgültigem Abschluß der Verhandlungen noch ungenützte Zeit verstreichen, dem Klagenden eine ohne jede Berechtigung vergrößerte Frist zur Klageerhebung gewährt und dem Arbeitgeber ein Schade verursacht werden soll. Der hier gemachte Einwand, daß nach Abbruch innerhalb der einwöchigen Frist die Verhandlungen bis zum Ablauf derselben noch wieder aufgenommen werden könnten, ist nicht überzeugend, weil die Feststellung der Einhaltung der Fristen erst nach Ablauf der Woche durch das Arbeitsgericht erfolgt.

Die rechtliche Stellung des klagenden Gruppenrats ist zweifelhaft. Er ist nicht Vertreter der Angestellten, denn er klagt im eigenen Namen, allerdings ohne Rechtspersönlichkeit zu besitzen, anderseits hat der Angestellte jederzeit auch gegen seinen Willen bestimmenden Einfluß auf das Verfahren. Nach dem Wortlaut des Gesetzes muß aber der klagende Gruppenrat im Rubrum als Kläger aufgeführt werden. Nur die Ausfertigung zum Zwecke der Zwangsvollstreckung geschieht gemäß § 4 AVO. für den Kläger.

Zur Erhebung der Klage und Vornahme von Prozeßhandlungen ist der sich ausweisende Vorsitzende des Gruppenrates ohne besondere Vollmacht befugt (§§ 28, 38 BRG.). Die übrigen Mitglieder des Gruppenrats bedürfen einer schriftlichen Vollmacht zur Vertretung, und zwar ausgestellt durch den Gruppenrat.

[2]) Aussetzung ist nach wie vor zulässig. Eine gesetzliche Aufhebung der Aussetzung des Verfahrens ist nicht erfolgt. Sie nur aus dem Umstande zu folgern, daß unter Umständen das Arbeitsgericht auch gleichzeitig das GG. oder KG. ist, ist willkürlich. Anderseits würde beim Fortfall der Aussetzung im Falle eines berufungsfähigen Objekts das Rechtsmittel den Parteien verloren gehen.

Ist dagegen gegen eine Entlassung Einspruch erhoben mit der Begründung, daß unbillige Härte vorliege (§ 84 Abs. 1 Ziff. 4), so ist das Arbeitsgericht zur Aussetzung des Verfahrens zwecks Feststellung, ob ein wichtiger Grund zur fristlosen Entlassung vorliege, nicht befugt. Der Arbeitgeber müßte deswegen schon vor dem KG. oder GG. besondere Klage erheben. Eine Verbindung von Klagen im Einspruchsverfahren und solche im Gerichtsverfahren sind trotz der Personalverbindung nicht zulässig.

§ 87. Über den Einspruch (§ 84) wird im gesetzlichen Schlichtungsverfahren endgültig entschieden[1]).

Geht die Entscheidung dahin, daß der Einspruch gegen die Kündigung gerechtfertigt ist, so ist zugleich für den Fall, daß der Arbeitgeber die Weiterbeschäftigung ablehnt, ihm eine Entschädigungspflicht aufzuerlegen[2]). Die Entschädigung bemißt sich nach der Zahl der Jahre[3]), während derer der Arbeitnehmer in dem Betrieb insgesamt beschäftigt war, und darf für jedes Jahr bis zu einem Zwölftel des letzten Jahresarbeitsverdienstes festgesetzt werden, jedoch im ganzen nicht über sechs Zwölftel hinausgehen. Die einzelnen Bestandteile des Jahresarbeitsverdienstes sind mit einem Betrag in Ansatz zu bringen, der der zur Zeit der Entscheidung maßgebenden Lohn- oder Gehaltshöhe der Berufsgruppe entspricht[4]). Dabei ist sowohl auf die wirtschaftliche Lage des Arbeitnehmers, als auch auf die wirtschaftliche Leistungsfähigkeit des Arbeitgebers angemessene Rücksicht zu nehmen. Die Entscheidung schafft Recht zwischen dem beteiligten Arbeitgeber und Arbeitnehmer.

Innerhalb dreier Tage nach Kenntnis von dem Eintritt der Rechtskraft der im Schlichtungsverfahren ergangenen Entscheidung hat der Arbeitgeber dem Arbeitnehmer mündlich oder durch Aufgabe zur Post zu erklären, ob er die Weiterbeschäftigung oder die Entschädigung wählt. Erklärt er sich nicht, so gilt die Weiterbeschäftigung als abgelehnt.

Kommt der Arbeitgeber mit der Zahlung der Entschädigung in Verzug, so hat er dem Arbeitnehmer auch den durch die Geldentwertung entstehenden Schaden zu ersetzen[4]).

[1]) Jetzt im Arbeitsgerichtsverfahren s. Anm. zu § 83. Über die Erfordernisse der Klageschrift s. § 253 Abs. 2 Ziff. 1 und 2 ZPO. vgl. dazu auch § 37 GGG. und Urteil des LG. I vom 6. Juni 1922 (23 S. 49/22). Es ist darauf zu achten, daß besonders beim arbeitsgerichtlichen Verfahren die Klageschrift zweckmäßig auch den Nachweis über die Einhaltung vorgeschriebener Fristen und die vom Gegner etwa zu machenden Einwendungen enthält, damit keine Schwierigkeiten bei Begehr

eines Versäumnisurteils eintreten (§ 253 Abs. 3 Ziff. 1, zwar nur Sollvorschrift).

Über die Form des Urteils, falls der Gruppenrat die Klage erhoben hat, s. Anm. 2 zu § 86. Der Urteilstenor lautet: der Einspruch ist unbegründet, die Klage wird abgewiesen, oder der Einspruch ist begründet, Beklagter wird verurteilt, den Kläger wieder einzustellen oder im Ablehnungsfalle ihm ... M. zu zahlen.

[2]) Entschädigung bei fristloser Entlassung und Anspruch auf Lohn während der Kündigungsfrist bestehen nebeneinander, wenn kein wichtiger Grund für die fristlose Entlassung vorlag. Ebenso Urteil des GG. Berlin Nr. 966/22 K 12 v. 30. Januar 1923 und Urteil des LG. I Berlin v. 6. Juli 1922 (23 S. 49/22), a. A. RG. vom 24. Juni 1922 (Mitteilungs-Bl. d. SchlA. Groß-Berlin, 4. Jg., S. 231ff., wo auch das erwähnte LG.-Urteil abgedruckt ist.)

[3]) Streitig ist, ob die Entschädigungssumme auch an Arbeitnehmer zu zahlen ist, die unter einem Jahr im Betriebe sind. Man wird letzteres wohl zweckmäßig annehmen (dafür ist auch Dersch, Anm. VII zu § 87, Feig u. Sitzler, Anm. 3 zu § 87, Flatow, Anm. 5 und 6 zu § 87, Rohrbeck, Anm. 4 zu § 87.

[4]) Dieser Satz bzw. Abs. ist neu eingefügt durch Gesetz betr. Anpassung des § 87 BRG. an die Geldentwertung vom 29. April 1923 (RGBl. I S. 258).

§ 88. Der Arbeitgeber ist im Falle der Weiterbeschäftigung verpflichtet, dem Arbeitnehmer, falls inzwischen die Entlassung erfolgt war, für die Zeit zwischen der Entlassung und der Weiterbeschäftigung Lohn oder Gehalt zu gewähren. § 615 Satz 2 des Bürgerlichen Gesetzbuchs findet entsprechende Anwendung. Der Arbeitgeber kann ferner öffentlich-rechtliche Leistungen, die der Arbeitnehmer aus Mitteln der Erwerbslosen- oder Armenfürsorge in der Zwischenzeit erhalten hat, zur Anrechnung bringen und muß diese Beträge der leistenden Stelle zurückerstatten.

§ 89. Der Arbeitnehmer ist berechtigt, falls er inzwischen einen neuen Dienstvertrag abgeschlossen hat, die Weiterbeschäftigung bei dem früheren Arbeitgeber zu verweigern. Er hat hierüber unverzüglich nach Empfang der im § 87 Abs. 3 vorgesehenen Erklärung des Arbeitgebers, spätestens aber eine Woche nach Kenntnis der Rechtskraft der im Schlichtungsverfahren ergangenen Entscheidung dem Arbeitgeber mündlich oder durch Aufgabe zur Post eine Erklärung abzugeben. Erklärt er sich nicht, so erlischt das Recht der Verweigerung. Macht er von seinem Verweigerungsrechte Gebrauch, so ist ihm, falls inzwischen die Entlassung erfolgt war, Lohn oder Gehalt nur für die Zeit zwischen der Entlassung und dem Eintritt der Rechtskraft der im Schlichtungsverfahren ergangenen Entscheidung zu gewähren. § 88 Satz 2 und 3 findet entsprechende Anwendung.

§ 90. Wird in den Fällen der §§ 81 bis 89 die Einhaltung der Fristen[1]) durch Naturereignisse oder andere unabwendbare Zufälle verhindert, so findet Wiedereinsetzung in den vorigen Stand nach näherer Vorschrift der Ausführungsbestimmungen[2]) statt.

[1]) Über Fristen s. Anm. 2 zu § 82.

Über „unabwendbarer Zufall" s. Sydow, Anm. 2 zu § 233 ZPO.

[2]) Ausführungsbestimmung ist ergangen durch VO. vom

5. Juni 1920 (RGBl. S. 1139). Hiernach findet die Wiedereinsetzung jetzt durch das Arbeitsgericht statt. Der Antrag muß innerhalb einer zweiwöchigen Frist gestellt werden. Die Frist beginnt mit dem Tag, an welchem das Hindernis gehoben ist. Nach Ablauf von einem Monat von dem Ende der versäumten Frist an gerechnet, kann die Wiedereinsetzung nicht mehr beantragt werden. Der Antrag auf Wiedereinsetzung muß enthalten:

1. die Angabe der die Wiedereinsetzung begründenden Tatsachen;
2. die Angabe der Mittel für deren Glaubhaftmachung;
3. im Falle des § 82 Abs. 3 und des § 86 Abs. 1 die versäumte Anrufung.

Wird dem Antrag auf Wiedereinsetzung stattgegeben, so ist im Falle des § 82 Abs. 3 und § 86 Abs. 1 zugleich das Verfahren fortzuführen. In den übrigen Fällen ist die versäumte Erklärung binnen zwei Tagen abzugeben, soweit sie nicht bereits abgegeben ist. Eine Wiedereinsetzung gegen eine nochmalige Versäumung findet nicht statt.

Zu Ziff. 2: Verordnung, betreffend eine vorläufige Landarbeitsordnung, v. 24. Januar 1919 (RGBl. S. 111).

Lit.: Feig, Berlin 1919. Verlag Franz Vahlen, Berlin. Günther, Guttentagsche Sammlung dtsch. Reichsgesetze Nr. 138 a.

§ 8. Wohnung, Landnutzung und andere Leistungen, die keinen Marktwert haben, sollen, wenn sie als Teil der Entlohnung vom Arbeitgeber zugesichert sind, mit ihrem Geldwert schriftlich festgesetzt wurden. Ist dies unterblieben, so entscheidet in Streitfällen der Schlichtungsausschuß[1]).

[1]) Jetzt entscheidet ausschließlich das Arbeitsgericht. S. § 3 und 5 ABO.

§ 18. Bei vorzeitiger Beendigung des Dienstverhältnisses sollen den Dienstverpflichteten von den ihm vom Arbeitgeber gewährten Lande die Früchte in einem seinen bisherigen Leistungen entsprechenden Anteil unter Zugrundelegung des Durchschnittsertrags der Fläche zustehen. Bei Streitfällen entscheidet der Schlichtungsausschuß [1]).

[1]) S. Anm. zu § 8.

§ 19. Renten irgendwelcher Art, insbesondere Kriegsbeschädigten- und Hinterbliebenenrenten dürfen auf den Lohn nicht angerechnet werden.

Bei Streitfällen darüber, ob der den Kriegsbeschädigten oder anderen Minderleistungsfähigen gezahlte Lohn ein angemessener ist oder ob die solchen Arbeitern zugemutete Arbeit der Leistungsfähigkeit entspricht, entscheidet der Schlichtungsausschuß [1]).

[1]) S. Anm. zu § 8.

Zu Ziff. 3: Reichsversorgungsgesetz i. d. Fassung vom 30. Juni 1923 (RGBl. 1923 I S. 523).

§ 98. Bei der Bemessung des Arbeitsentgelts von Beschäftigten, die Versorgungsgebührnisse nach diesem Gesetz oder einem anderen Militärversorgungsgesetze (Renten, Invalidenpensionen, Verstümmelungs-, Kriegs- oder andere Zulagen, Kriegswitwen- oder Kriegswaisengeld, Kriegselterngeld) empfangen, dürfen diese Gebührnisse nicht zum Nachteil der Beschäftigten berücksichtigt werden; insbesondere ist es unzulässig, die Versorgungsgebührnisse ganz oder teilweise auf das Entgelt anzurechnen.

Die Pensionen der ehemaligen Offiziere des Friedensstandes, Deckoffiziere der Marine und Beamten der Wehrmacht werden durch die Vorschrift des Abs. 1 nicht berührt.

§ 99. Wird gegen die Vorschrift des § 98 verstoßen, so können die in den §§ 15ff. der Verordnung über Tarifverträge, Arbeiter- und Angestelltenausschüsse und Schlichtung von Arbeitsstreitigkeiten vom 23. Dezember 1918 (Reichsgesetzbl. S. 1456) vorgesehenen Schlichtungsausschüsse [1]) gemäß § 20 daselbst angerufen werden. Hierzu ist auch der beteiligte Beschäftigte befugt; besteht jedoch in dem Betriebe, dem Geschäft oder der Verwaltung, dem er angehört, eine Betriebsvertretung [2]) der Arbeiter oder der Angestellten, so gilt dies nur dann, wenn diese ihre Vermittlung oder nach erfolgloser Vermittlung die Anrufung des Schlichtungsausschusses abgelehnt hat.

In den Schlichtungsausschuß ist, falls er nicht bereits entsprechend zusammengesetzt ist, ein unparteiischer Vorsitzender und als nichtständiger Vertreter der Arbeitnehmer ein Bezugsberechtigter im Sinne des § 98 dieses Gesetzes (§ 15 Abs. 2, 4 und 5 der Verordnung vom 23. Dezember 1918) zu berufen [3]).

Kommt ein Schiedsspruch zustande, dem sich nicht beide Parteien unterwerfen, so kann er auf Antrag von der zuständigen höheren Verwaltungsbehörde für verbindlich erklärt werden. In diesem Falle gilt der Arbeitsvertrag als dem Schiedsspruch gemäß abgeändert.

[1]) Die §§ 15—30 VO. vom 23. Dezember 1918 sind durch SchlVO. Art. III § 3 aufgehoben. Zuständig ist jetzt ausschließlich das Arbeitsgericht. Das Verfahren ergibt sich nach §§ 3—5 AVO. z. SchlO.

[2]) Betriebsvertretung ist der Arbeiter-, Angestellten-, Betriebsrat oder Betriebsobmann.

[3]) Abs. 3 ist jetzt durch das neue Verfahren gegenstandslos geworden.

Zu Ziffer 4 u. 5: Betriebsrätegesetz.

§ 39. Die Mitgliedschaft im Betriebsrat[1]) erlischt durch Niederlegung, durch Beendigung des Arbeitsvertrags oder durch Verlust der Wählbarkeit.

Auf Antrag des Arbeitgebers oder von mindestens einem Viertel der wahlberechtigten Arbeitnehmer kann der Bezirkswirtschaftsrat oder, solange ein solcher nicht besteht, der Schlichtungsausschuß[2]) das Erlöschen der Mitgliedschaft eines Vertreters wegen gröblicher Verletzung seiner gesetzlichen Pflichten beschließen.

Das Erlöschen der Mitgliedschaft im Betriebsrat hat das Erlöschen der Mitgliedschaft im Arbeiter- und Angestelltenrat zur Folge.

[1]) Findet auch auf den Betriebsobmann Anwendung (§ 60 BRG.).

[2]) Jetzt das Arbeitsgericht ausschließlich. Das Verfahren ist ein Beschlußverfahren, geregelt in der AVO. § 5. S. Anm. daselbst. Wegen Angehöriger von Staatsbehörden s. Anm. zu § 93.

§ 41. Auf Antrag des Arbeitgebers oder von mindestens einem Viertel der wahlberechtigten Arbeitnehmer kann der Bezirkswirtschaftsrat oder, solange ein solcher nicht besteht, der Schlichtungsausschuß[1]) die Auflösung des Betriebsrats wegen gröblicher Verletzung seiner gesetzlichen Pflichten beschließen[2]).

[1]) Jetzt das Arbeitsgericht ausschließlich. S. Anm. 2 zu § 39.

[2]) Das Arbeitsgericht urteilt nach freiem Ermessen.

§ 44. Auf das Erlöschen der Mitgliedschaft im Arbeiterrat und Angestelltenrate finden die §§ 39 bis 41 entsprechende Anwendung.

Das Erlöschen der Mitgliedschaft im Arbeiterrat oder Angestelltenrate hat das Erlöschen der Mitgliedschaft im Betriebsrat zur Folge.

Sinkt die Zahl der Ergänzungsmitglieder und der Ersatzmitglieder für sie unter die vorschriftsmäßige Zahl (§ 15 Abs. 4), so findet dennoch keine Neuwahl statt.

Ist der Arbeiterrat oder Angestelltenrat aufgelöst oder zurückgetreten, so findet eine Neuwahl der gleichzeitig dem Betriebsrat angehörigen Mitglieder und der Ergänzungsmitglieder in der bisherigen Anzahl für den Rest der Wahlzeit des Betriebsrats statt. § 43 findet entsprechende Anwendung.

§ 43. Ist eine Neuwahl des gesamten Betriebsrats notwendig, so bleiben die Mitglieder des alten Betriebsrats so lange im Amte, bis der neue gebildet ist.

Im Falle des § 41 kann der Bezirkswirtschaftsrat oder, solange ein solcher nicht besteht, der Schlichtungsausschuß[1]) einen vorläufigen Betriebsrat berufen.

[1]) Jetzt das Arbeitsgericht ausschließlich. S. Anm. 2 zu § 39.

§ 52. Ein Einzelbetriebsrat oder der Arbeitgeber kann beantragen, daß an die Stelle des Gesamtbetriebsrats ein oder mehrere gemeinsame Betriebsräte treten, wenn hierdurch ohne Schädigung der Interessen der Arbeitnehmer eine wesentliche Vereinfachung des Geschäftsganges eintreten würde. Über den Antrag entscheidet, wenn nicht übereinstimmende Beschlüsse der Einzelbetriebsräte zustande kommen, der Bezirkswirtschaftsrat oder, solange ein solcher noch nicht besteht, der Schlichtungsausschuß [1]).

Die wahlberechtigten Arbeitnehmer eines jeden der zusammengeschlossenen Betriebe können durch einen Mehrheitsbeschluß, der spätestens sechs Wochen vor Ablauf der Wahlzeit des gemeinsamen Betriebsrats zu fassen ist, die Auflösung beantragen. Über den Antrag entscheidet, wenn nicht übereinstimmende Beschlüsse in allen Betrieben gefaßt werden, der Bezirkswirtschaftsrat oder, solange ein solcher noch nicht besteht, der Schlichtungsausschuß [1]).

[1]) Jetzt das Arbeitsgericht ausschließlich. S. Anm. 2 zu § 39.

§ 53. Die Bestimmungen der §§ 50 bis 52 finden auf die Betriebe der Gemeinden und Gemeindeverbände Anwendung, auch wenn sie nicht nach dem Betriebszweck zusammengehören, auf die Betriebe anderer öffentlicher Körperschaften nur, soweit sie dem gleichen Dienstzweig angehören.

§ 56. Die Wahl des Gesamtbetriebsrats erfolgt auf die Dauer von einem Jahre.

Die §§ 39, 41 bis 43 finden auf das Erlöschen

der Mitgliedschaft im Gesamtbetriebsrat entsprechende Anwendung.

Ausscheiden eines Mitglieds aus dem Gesamtbetriebsrate hat das Ausscheiden des Mitglieds aus dem Einzelbetriebsrate zur Folge. Das gleiche gilt im umgekehrten Falle.

In beiden Fällen tritt an die Stelle des Ausgeschiedenen sein Ersatzmitglied im Einzelbetriebsrate.

§ 60. Auf das Erlöschen der Stellung als Betriebsobmann finden § 39 Abs. 1 und 2, § 43 entsprechende Anwendung.

§ 62. Ein Betriebsrat ist nicht zu errichten oder hört zu bestehen auf, wenn seiner Errichtung oder seiner Tätigkeit nach der Natur des Betriebs besondere Schwierigkeiten entgegenstehen und auf Grund eines für allgemein verbindlich erklärten Tarifvertrags eine andere Vertretung der Arbeitnehmer des Betriebs besteht oder errichtet wird. Diese Vertretung hat die in diesem Gesetze dem Betriebsrat übertragenen Aufgaben und Befugnisse.

Bei Ablauf eines solchen Tarifvertrags bleibt die nach Abs. 1 errichtete Vertretung solange in Tätigkeit, bis ein neuer Tarifvertrag abgeschlossen und für allgemein verbindlich erklärt oder ein gesetzlicher Betriebsrat gewählt ist.

§ 63. Ist ein Antrag auf Erklärung der allgemeinen Verbindlichkeit eines Tarifvertrags gestellt, so kann das Reichsarbeitsministerium auf Antrag der Antragsberechtigten (§ 3 der Verordnung vom 23. Dezember 1918, Reichsgesetzbl. S. 1456) die Aussetzung der Wahl der Betriebsräte innerhalb des Geltungsbereichs des Tarifvertrags bis zur Entscheidung über die Verbindlichkeit anordnen.

§ 80. Sollen gemäß § 78 Ziff. 3 Arbeitsordnungen oder sonstige Dienstvorschriften für eine Gruppe der Arbeitnehmer vereinbart werden, so findet § 75 entsprechende Anwendung.

Die im § 134b Ziff. 4 der Gewerbeordnung vorgesehene Festsetzung von Strafen erfolgt durch den Arbeitgeber gemeinsam mit dem Arbeiterrat oder Angestelltenrat. In Streitfällen entscheidet der Schlichtungsausschuß [1]).

Ist die geltende Arbeitsordnung vor dem 1. Januar 1919 erlassen, so ist binnen drei Monaten nach Inkrafttreten dieses Gesetzes eine neue Arbeitsordnung zu erlassen.

[1]) Jetzt ausschließlich das Arbeitsgericht. S. Anm. 2 zu § 39.

§ 134 b GewO. Die Arbeitsordnung muß Bestimmungen enthalten:

4. sofern Strafen vorgesehen werden, über die Art und Höhe derselben, über die Art ihrer Festsetzung und, wenn sie in Geld bestehen, über deren Einziehung und über den Zweck, für welchen sie verwendet werden sollen;

§ 93. Der Bezirkswirtschaftsrat [1]) entscheidet bei Streitigkeiten über

1. die Notwendigkeit der Errichtung, die Bildung und Zusammensetzung einer Betriebsvertretung im Sinne dieses Gesetzes;
2. Wahlberechtigung oder Wählbarkeit eines Arbeitnehmers;

3. Einrichtung, Zuständigkeit und Geschäftsführung der Betriebsvertretungen und der Betriebsversammlung;
4. die Notwendigkeit von Geschäftsführungskosten der Betriebsvertretungen;
5. alle Streitigkeiten, die sich aus den in diesem Gesetze vorgeschriebenen Wahlen ergeben.

[1]). Jetzt ausschließlich das Arbeitsgericht. S. Anm. 2 zu § 39; aber AVO. § 3 Abs. 2.

§ 94. Bei Unternehmungen oder Verwaltungen, die sich über den Bezirk eines Bezirkswirtschaftsrats hinaus erstrecken oder die hinsichtlich der dienstlichen Verhältnisse ihrer Arbeitnehmer einer Landesaufsicht unterstehen, wird von der Landesregierung der Landeswirtschaftsrat oder ein Bezirkswirtschaftsrat für zuständig erklärt. Sofern die Unternehmung oder Verwaltung sich über den Bezirk eines Landes hinaus erstreckt oder hinsichtlich der dienstlichen Verhältnisse ihrer Arbeitnehmer der Aufsicht des Reichs untersteht, entscheidet der Reichswirtschaftsrat.

§ 95. Den Arbeitgebern und ihren Vertretern ist untersagt, ihre Arbeitnehmer in der Ausübung des Wahlrechts zu den Betriebsvertretungen oder in der Übernahme und Ausübung der gesetzlichen Betriebsvertretung zu beschränken oder sie deswegen zu benachteiligen.

§ 96. Zur Kündigung[1]) des Dienstverhältnisses eines Mitglieds einer Betriebsvertretung[2]) oder zu seiner Versetzung in einen anderen Betrieb bedarf der Arbeitgeber der Zustimmung[3]) der Betriebsvertretung.

Die Zustimmung ist nicht erforderlich:

1. bei Entlassungen, die auf einer gesetzlichen oder tarifvertraglichen oder durch Schiedsspruch eines Schlichtungsausschusses oder einer vereinbarten Einigungs- oder Schiedsstelle auferlegten Verpflichtung beruhen;
2. bei Entlassungen, die durch Stillegung des Betriebs erforderlich sind[4]);
3. bei fristlosen Kündigungen aus einem Grunde, der nach dem Gesetz zur Kündigung des Dienstverhältnisses ohne Einhaltung einer Kündigungsfrist berechtigt.

Im Falle des Abs. 2 Ziffer 3 ist der Einspruch nach Maßgabe des § 84 Abs. 2 und § 86 Abs. 2 statthaft[5]).

Wird eine fristlose Kündigung (Abs. 2 Ziffer 3) durch rechtskräftiges gerichtliches Urteil oder durch Entscheidung des Schlichtungsausschusses für ungerechtfertigt erklärt, so gilt die Kündigung als vom Arbeitgeber zurückgenommen[6]). § 89 findet entsprechende Anwendung.

[1]) Für befristete Dienstverhältnisse (siehe darüber Anm. 1 zu § 84) kommt § 96 nicht in Frage.

[2]) Betriebsvertretung ist hier jede Art derselben. Arbeiter-, Angestelltenrat, Betriebsrat, Gesamtbetriebsrat, auch Betriebsobmann zufolge besonderer Vorschrift des § 98 Abs. 2. Nicht den Schutz des § 96 genießen Ergänzungsmitglieder, soweit sie noch nicht herangezogen sind.

[3]) Über den Begriff „Zustimmung" siehe §§ 182 ff. BGB. (Einwilligung oder Genehmigung). Danach kann die Zustimmung auch nachträglich erfolgen. In diesem Falle wirkt sie auf den Zeitpunkt des Zugehens der ausgesprochenen Kündi-

gung zurück. Ebenso Rohrbeck, Anm. 4 zu § 96. Gehört der Gekündigte mehreren Betriebsvertretungen an, so muß jede derselben ihre Zustimmung geben. Äußert sich eine Betriebsvertretung überhaupt nicht trotz Anfrage, so gilt die Zustimmung als verweigert. Eine allgemeine zum Abbau oder Massenentlassung gegebene Zustimmung der Betriebsvertretung ist für die Entlassung eines einzelnen Betriebsratsgliedes nicht ohne weiteres gültig, sondern muß hier im Besonderen von neuem erteilt werden. Bei der Erteilung der Zustimmung sind an und für sich die Formvorschriften der §§ 32 ff. BRG. zu beobachten. Indessen hat das Gericht keine Veranlassung, eine vom Vorsitzenden des Betriebsrats formell als dessen Zustimmung bezeichnete Mitteilung auf ihr gültiges Zustandekommen nachzuprüfen, da der Vorsitzende zur Vertretung der Betriebsvertretung gegenüber dem Arbeitgeber befugt ist (§§ 28, 38 BRG.) und für den letzteren dessen Erklärungen verbindlich sind und genügen. Ebenso Urteil des KG. K VI v. 15. Januar 1924 Nr. 1274/23, das in der Berufungsinstanz durch Urteil des LG. I Berlin v. 4. April 1924 bestätigt worden ist. Die Überschreitung seiner Befugnisse macht den Vorsitzenden nur seiner Betriebsvertretung gegenüber haftbar, ev. setzt sie ihn einer Entlassung auf Grund des § 39 Abs. 2 aus. Zustimmung des gekündigten Betriebsratsmitgliedes beendet das Verfahren in jeder Lage.

[4]) Vgl. hierzu Anm. 2 zu § 85. Teilweise Stillegung ist hier gleichbedeutend mit Stillegung; so die allgem. Meinung. Rohrbeck, Anm. 6 zu § 96, Feig u. Sitzler, Anm. 5 zu § 96, a. A. Dersch, Anm. 2 II B zu § 96.

[5]) Nur in diesem einen Falle ist das Arbeitsgericht zuständig. Das Einspruchsverfahren richtet sich nach dem der §§ 84 ff. Danach ist auch die Aussetzung des Verfahrens zulässig (s. die Anm. d. gen. Paragraphen). In diesem Falle hat auch der Betriebsobmann die Einspruchsberechtigung, nachdem die Mehrheit der wahlberechtigten Arbeiter die Zustimmung zur Kündigung versagt hat (§ 98 Abs. 2). In allen

anderen Fällen klagen die Gekündigten einfach ihr Gehalt bei den GG. und KG. ein.

[6]) Das alte Dienstverhältnis gilt also als fortbestehend und als nie unterbrochen.

§ 97. Ist die Zustimmung der Betriebsvertretung erforderlich und wird sie versagt, so ist der Arbeitgeber berechtigt, den Schlichtungsausschuß[1]) anzurufen, der durch seinen Spruch die fehlende Zustimmung der Betriebsvertretung ersetzen kann[2]). Er darf die Zustimmung nicht ersetzen, wenn er feststellt, daß die Kündigung als ein Verstoß gegen die im § 95 auferlegten Pflichten anzusehen ist[3]). Bis zur Entscheidung des Schlichtungsausschusses ist der Arbeitgeber verpflichtet, den Arbeitnehmer weiter in seinem Betriebe zu beschäftigen[4]).

[1]) Jetzt ausschließlich das Arbeitsgericht im Beschlußverfahren. S. Anm. zu § 39.

[2]) Die Entscheidung wirkt zurück auf den Zeitpunkt des Tages, an dem die Kündigung dem Betroffenen zugegangen ist.

[3]) Hieraus geht hervor, daß im übrigen das Arbeitsgericht nach freiem Ermessen entscheidet.

[4]) Im Gegensatz zu § 82 Abs. 4 und 86 Abs. 3 hat hier die Anrufung des Arbeitsgerichts aufschiebende Wirkung. Ergeht die Entscheidung nach Ablauf der Kündigungsfrist, so ist, wenn die Zustimmung ersetzt wird, mit Ablauf der Kündigungsfrist das Dienstverhältnis beendet.

§ 98. Auf die in den §§ 62, 63 bezeichneten Vertretungen finden die Bestimmungen der §§ 95 bis 97 entsprechende Anwendung.

Auf die Betriebsobleute finden sie mit der Maßgabe Anwendung, daß an die Stelle der Betriebsvertretung die Mehrheit der wahlberechtigten Arbeitnehmer des Betriebs tritt.

§ 2 SchlO. Als Arbeitsgerichte gelten bis zur Errichtung allgemeiner Arbeitsgerichte bei Streitfällen[1]), in denen auf Arbeitnehmerseite nur Handlungsgehilfen und Handlungslehrlinge beteiligt sind, das Kaufmannsgericht, im übrigen das Gewerbegericht[2]). Eine Berufung findet in diesen Fällen nicht statt[3]).

In Bezirken, in denen kein Gewerbegericht oder Kaufmannsgericht besteht, gilt der Schlichtungsausschuß nach Artikel I dieser Verordnung als Arbeitsgericht. In diesen Fällen besteht die Kammer aus dem unparteiischen Vorsitzenden und je einem Beisitzer der Arbeitgeber und der Arbeitnehmer[2]).

[1]) Die sachliche Zuständigkeit ist im Art. II § 1 geregelt. Die Arbeitsgerichte sind danach für die dort angegebenen Streitigkeiten und nur für diese ausschließlich zuständig.

Für die örtliche Zuständigkeit in dem Urteilsverfahren im Sinne des Art. II § 1 Ziff. 1—3 ist § 27 GGG. maßgebend (§ 4 Abs. 1 AVO.). Hiernach ist örtlich dasjenige Arbeitsgericht zuständig, in dessen Bezirk die streitige Verpflichtung zu erfüllen ist, oder sich die gewerbliche Niederlassung des Arbeitgebers befindet oder beide Parteien ihren Wohnsitz haben. Unter mehreren zuständigen Arbeitsgerichten hat der Kläger die Wahl. (Siehe hierzu Komment. Anm. zu § 27 GGG.) Die örtliche Zuständigkeit in dem Beschlußverfahren (Art. II § 1 Ziff. 4 u. 5) ist für dasjenige Arbeitsgericht gegeben, in dessen Bezirk der Ort liegt, an dem die Betriebsvertretung die Geschäfte führt oder führen soll (AVO. § 5 Abs. 2).

[2]) Sind in einer Klage im Urteils- oder Beschlußverfahren nur Handlungsgehilfen und Handlungslehrlinge oder einer

von beiden beteiligt, so ist das KG., und dieses ausschließlich, in allen übrigen Fällen, also über den dem GG. zugewiesenen Personenkreis hinaus das letztere ebenfalls ausschließlich zuständig. Hinsichtlich des Handlungsgehilfen ist hervorzuheben, daß bzgl. der Wahrnehmung ihrer Rechte vor den Arbeitsgerichten die Bestimmung des § 4 KGG. (Jahresarbeitsverdienst bis 5000 M.) nicht gilt. Erhebt eine Betriebsvertretung die Klage, so ist das KG. nur zuständig, wenn sie der Angestelltenrat ist oder im Falle der §§ 96, 98 Abs. 2 BRG. der Betriebsobmann, falls er Handlungsgehilfe ist. (S. Anm. 5 zu § 96.) Bzgl. Überweisung an das zuständige Gericht s. Anm. 1 zu Art. II § 1 SchlO.

[3]) Über Besetzung der Arbeitsgerichte und Rechtsmittel s. Anm. 2 zu § 1 u. Anm. 1 zu § 3 ABO.

Artikel III.

Ausführungs- und Übergangsbestimmungen.

§ 1. Der Reichsarbeitsminister erläßt die zur Durchführung dieser Verordnung erforderlichen Ausführungsbestimmungen [1]).

[1]) VO. z. Ausführung der VO. über das Schlichtungswesen vom 10. Dezember 1923 (RGBl. I S. 1191) und zweite VO. z. Ausf. der VO. über das Schlichtungswesen vom 29. Dezember 1923 (RGBl. S. 1929). Erstere ist unter Nr. IV S. 90 abgedruckt.

§ 2. Die Verordnung tritt, soweit es sich um Maßnahmen zu ihrer Durchführung handelt, mit dem Tage ihrer Verkündung in Kraft. Im übrigen tritt sie, soweit der Reichsarbeitsminister nichts anderes bestimmt, mit dem 1. Januar 1924 in Kraft.

§ 3. Mit dem im § 2 Satz 2 bezeichneten Zeitpunkt treten folgende Bestimmungen außer Kraft:

1. der III. Abschnitt (§§ 15 bis 30) der Verordnung über Tarifverträge, Arbeiter- und Angestelltenausschüsse und Schlichtung von Arbeitsstreitigkeiten vom 23. Dezember 1918 (Reichsgesetzbl. S. 1456);
2. die Ziffer II des § 104 des Betriebsrätegesetzes und die auf Grund dieser Bestimmung erlassenen Ausführungsverordnungen;
3. die §§ 62 bis 74, § 82 Abs. 2 Nr. 6 des Gewerbegerichtsgesetzes vom 29. September 1901 und der § 17 des Gesetzes, betreffend Kaufmannsgerichte, vom 6. Juli 1904;
4. die §§ 22 bis 28 der Verordnung über die Einstellung und Entlassung von Arbeitern und Angestellten während der Zeit der wirtschaftlichen Demobilmachung vom 12. Februar 1920 (Reichsgesetzbl. S. 218).

Desgleichen werden mit dem im § 2 Satz 2 bezeichneten Zeitpunkt die auf Grund des § 81a Nr. 2 der Gewerbeordnung errichteten Einigungsämter von Innungen aufgehoben.

§ 4. Verfahren nach Artikel I dieser Verordnung, die an dem im § 2 Satz 2 bezeichneten Zeitpunkt anhängig sind, gehen in der Lage, in der sie sich befinden, von den bisher zuständigen auf die nach dem Inkrafttreten dieser Verordnung zuständigen Stellen über. Auf ihre Erledigung finden die Vorschriften dieser Verordnung Anwendung.

Verfahren nach Artikel II dieser Verordnung, die an dem im § 2 Satz 2 bezeichneten Zeitpunkt bei den bisher zuständigen Stellen nicht abgeschlossen sind, sind binnen einer Ausschlußfrist von zwei Wochen bei den nach dieser Verordnung zuständigen Stellen als neue Verfahren anhängig zu machen.

Berlin, den 30. Oktober 1923.

Der Reichskanzler.
Dr. Stresemann.

Der Reichsarbeitsminister.
Dr. Brauns.

IV. Verordnung zur Ausführung der Verordnung über das Schlichtungswesen.

Vom 10. Dezember 1923 (RGBl, I S. 1191).

Auf Grund des Artikel III § 1 der Verordnung über das Schlichtungswesen vom 30. Oktober 1923 (Reichsgesetzbl. I S. 1043) wird zur Ausführung des Artikel II dieser Verordnung bestimmt:

I. Einrichtung der Arbeitsgerichte.

§ 1. Gewerbe- und Kaufmannsgerichte.

Bei den Gewerbegerichten und den Kaufmannsgerichten ist eine Neuwahl der Beisitzer nur vorzunehmen, wenn die gesetzlichen oder satzungsmäßigen Voraussetzungen dafür vorliegen.

Bei der Neuwahl sind auch solche Arbeitgeber und Arbeitnehmer zu beteiligen, deren Streitigkeiten nach Artikel II der Schlichtungsverordnung den Gewerbegerichten und den Kaufmannsgerichten übertragen sind. Die näheren Bestimmungen hierüber trifft die Satzung.

Bis zur Vornahme von Neuwahlen ist der Beisitzerbestand nur bei den Gewerbegerichten und den Kaufmannsgerichten zu ergänzen, bei denen die Zahl der neu übertragenen Streitigkeiten voraussichtlich erheblich sein wird. In diesem Falle beruft die höhere Verwaltungsbehörde[1]) die erforderliche Zahl von Beisitzern aus den Kreisen, die nach Abs. 2 bei Neuwahlen zu beteiligen wären, und zwar, soweit wirtschaftliche Vereinigungen der Arbeitgeber oder der Arbeitnehmer bestehen, auf ihren Vorschlag[2]).

Auf die Bildung von Fachkammern für die neu übertragenen Streitigkeiten finden die allgemeinen Bestimmungen über die Bildung von Fachkammern bei den Gewerbegerichten und den Kaufmannsgerichten Anwendung. Bei dem Gewerbegericht am Sitze jeder Reichsbahndirektion ist für Streitigkeiten zwischen der Reichseisenbahnverwaltung und ihren Arbeitnehmern eine Fachkammer zu bilden. Ihre Zuständigkeit erstreckt sich auf den gesamten Bezirk der Reichsbahndirektion.

Die durch die neu übertragenen Streitigkeiten den Gewerbegerichten und den Kaufmannsgerichten entstehenden Mehrkosten werden den Trägern der Kosten vom Reiche in der Weise ersetzt, daß diese für jede erledigte Streitigkeit einen vom Reichsarbeitsminister festgesetzten Pauschbetrag erhalten[3]).

[1]) Über höhere Verwaltungsbehörde s. Komment. Anm. zu § 1 Abs. 2 u. 5.

[2]) Für die Zusammensetzung und Besetzung der KG. und GG. als Arbeitsgerichte sind die §§ 7, 9—15 KGG. bzw. §§ 10 bis 25 GGG. maßgebend. (S. diese Paragraphen nebst Anm. abgedruckt im Kommentar.) Bzgl. der Bestrafung von Beisitzern gemäß § 23 GGG. gilt jetzt die VO. über Vermögensstrafen und Bußen vom 6. Februar 1924 Art. II (RGBl. S. 44). Hiernach betragen Ordnungsstrafen mindestens eine und höchstens 1000 Goldmark.

An den Spruchsitzungen können auch mehr als zwei Beisitzer teilnehmen.

[3]) Zurzeit beträgt der vom Reichsarbeitsminister festgesetzte Pauschbetrag 5 M.

§ 2. Arbeitsgerichtliche Kammern der Schlichtungsausschüsse.

Für die Einrichtung der arbeitsgerichtlichen Kammern der Schlichtungsausschüsse gelten, abgesehen von der Vorschrift des Artikel II § 2 Abs. 2 Satz 2 der Schlichtungsverordnung, die allgemeinen Bestimmungen über die Einrichtung der Schlichtungskammern. Die Beisitzer der Arbeitgeber und der Arbeitnehmer sind in der Reihenfolge einer am Anfang des Geschäftsjahrs von dem unparteiischen Vorsitzenden aufgestellten Liste zu den einzelnen Sitzungen zuzuziehen.

Arbeitsgerichtliche Kammern können auch an Orten errichtet werden, an denen keine Schlichtungskammer besteht.

Über die Einrichtung von Fachkammern entscheidet die oberste Landesbehörde. Artikel I § 8 Abs. 3 der Schlichtungsverordnung findet Anwendung.

II. Verfahren.

§ 3. Gemeinsame Vorschriften.

In den Fällen des Artikel II § 1 der Schlichtungsverordnung entscheiden die als Arbeitsgerichte tätigen Gewerbegerichte, Kaufmannsgerichte und Schlichtungsausschüsse endgültig [1]).

Bei den im § 94 des Betriebsrätegesetzes genannten Unternehmungen und Verwaltungen bleiben für die Entscheidung von Streitigkeiten nach § 93 des Gesetzes die nach § 103 Satz 2 von der Reichsregierung oder den Landesregierungen bestimmten Stellen zuständig [2]).

Im Verfahren vor den arbeitsgerichtlichen Kammern der Schlichtungsausschüsse tritt an die Stelle des Vorsitzenden und des Gerichtsschreibers[3]) nach den Bestimmungen des Gewerbegerichtsgesetzes der unparteiische Vorsitzende.

[1]) Hier wird noch einmal als allgemeine Vorschrift für alle Arbeitsgerichte wiederholt, was im Art. II § 2 Abs. 1 SchlO. bzgl. der Entscheidungen der KG. und GG. bereits gesagt war. Dort ist allerdings nur die Rede von Berufung, die sich nur auf das Urteilsverfahren beziehen kann, die vorliegende Bestimmung bezieht sich auf Urteile und Beschlüsse. Wiederaufnahme des Verfahrens und Wiedereinsetzung in den vorigen Stand sind keine Rechtsmittel und sind daher auch vor den Arbeitsgerichten zulässig. S. §§ 578 ff. und 233 ff. ZPO. sowie § 90 BRG. nebst Anm.

[2]) Der § 94 BRG. ist eine Ausnahmebestimmung des § 93 desselben Gesetzes. Während jetzt also für alle im § 93 angegebenen Streitigkeiten gemäß Art. II § 1 Ziff. 5 die Arbeitsgerichte sachlich ausschließlich zuständig geworden sind, und zwar im Beschlußverfahren, soll gemäß obiger Bestimmung das Arbeitsgericht nach wie vor nicht für solche Arbeitnehmer zuständig sein, die die Voraussetzungen des § 94 BRG. erfüllen. Bis zur Errichtung der im § 94 für zuständig erklärten Entscheidungsstellen sollten gemäß § 103 BRG. Ersatzstellen ernannt werden. Für das Reich ist nach dieser Richtung eine Ausführungsverordnung vom 24. Februar 1920 (RGBl. S. 259) ergangen, die den vorläufigen Reichswirtschaftsrat hiermit betraut hat. In Preußen bestimmt die VO. der Staatsregierung vom 8. März 1920 (GS. S. 57) hierfür den Bezirksausschuß. Für Berlin tritt an des letzteren Stelle gemäß § 43 Landesverwaltungsgesetzes der Oberpräsident.

§ 4. Urteilsverfahren.

Für das arbeitsgerichtliche Verfahren in den Fällen des Artikel II § 1 Nr. 1 bis 3 gelten die

Vorschriften der §§ 26 bis 49, 51 bis 54, 57 bis 61 des Gewerbegerichtsgesetzes [1]).

Die Klage kann auch von den nach den §§ 82 bis 90 des Betriebsrätegesetzes und nach § 99 des Reichsversorgungsgesetzes zur Anrufung berechtigten Betriebsvertretungen erhoben werden. Die vollstreckbare Ausfertigung wird jedoch auch in diesen Fällen für den beteiligten Arbeitnehmer erteilt [2]). Die Kosten des Verfahrens hat der beteiligte Arbeitnehmer nur zu tragen, wenn er selbst die Klage erhoben hatte; im übrigen bleiben die Kosten, soweit sie nicht im Urteil dem Arbeitgeber auferlegt werden, außer Ansatz [3]).

Im Falle des § 87 des Betriebsrätegesetzes ist dem Arbeitnehmer eine vollstreckbare Ausfertigung des Urteils erst zu erteilen, wenn er nachgewiesen hat, daß der Arbeitgeber die Weiterbeschäftigung abgelehnt oder sich binnen der im § 87 Abs. 3 festgesetzten Frist nicht erklärt hat. Der Nachweis kann auch durch Versicherung an Eides Statt geführt werden.

Kosten und Geldstrafen werden im Verfahren vor den arbeitsgerichtlichen Spruchkammern der Schlichtungsausschüsse nach den landesrechtlichen Vorschriften über die Beitreibung öffentlicher Abgaben beigetrieben. Sie fließen in die Reichskasse [4]).

[1]) Man hat zu unterscheiden das Urteils- (§ 4) und das Beschlußverfahren (§ 5). Das erstere ist das gleiche wie dasjenige vor den GG. und KG. (s. Kommentar § 16 KGG. bzw. 26 GGG. nebst Anmerkungen. Ausgenommen sind für das Urteilsverfahren die §§ 50, 55 und 56 GGG., in denen die Rede von

Rechtsmitteln ist; s. auch Anm. zu §§ 83, 86 und 87 BRG. über das Verfahren.

²) Nur die vollstreckbare Ausfertigung wird in diesem Falle für den Arbeitnehmer ausgefertigt. Im Rubrum des Urteils wird als Kläger die Betriebsvertretung aufgeführt (s. auch Anm. 1 zu § 86 BRG.).

³) Also auch für den klagenden Gruppenrat bleiben die Kosten außer Ansatz. Dieser braucht daher auch keine Vorschüsse für Zeugen und Sachv. zu entrichten.

⁴) Bzgl. der Kosten und Geldstrafen im Verfahren vor den Arbeitsgerichten, soweit sie KG. und GG. sind, s. § 8 KGG. und §§ 52, 58, 59 GGG. und Anm. hierzu im Komment.

Im Beschlußverfahren werden Gebühren und Auslagen nicht erhoben.

§ 5. Beschlußverfahren.

Für das arbeitsgerichtliche Verfahren in den Fällen des Artikel II § 1 Nr. 4 und 5 der Schlichtungsverordnung gelten die Vorschriften der §§ 26, 29 bis 38, 43, 44, 47, 53 und 61 des Gewerbegerichtsgesetzes entsprechend¹).

Zuständig ist das Arbeitsgericht, in dessen Bezirk der Ort liegt, an dem die Betriebsvertretung die Geschäfte führt oder führen soll.

Die Beteiligten sind zu hören; das Arbeitsgericht entscheidet, ob eine mündliche oder schriftliche Anhörung der Beteiligten erforderlich ist²). Die Anhörungspflicht entfällt, wenn der Beteiligte sich trotz Aufforderung nicht schriftlich äußert oder auf Ladung unentschuldigt ausbleibt.

Das Verfahren endet mit einem Beschlusse. Dieser ist schriftlich abzufassen, vom Vorsitzenden zu verkünden, mit Gründen zu versehen und den Beteiligten zuzustellen[3]). Die Zustellung kann durch eingeschriebenen Brief erfolgen.

Gebühren und Auslagen werden nicht erhoben.

Berlin, den 10. Dezember 1923.

Der Reichsarbeitsminister.

Dr. Brauns.

[1]) Hier gilt das gleiche wie in Anm. 1 zu § 4 Gesagte. Ausgenommen sind nur eine größere Zahl von Bestimmungen, die sich für das Beschlußverfahren nicht eignen, zumal es ohne mündliche Verhandlung vor sich gehen kann. Es sind dies:

a) die §§ 27 und 28 GGG. über örtliche Zuständigkeit, da diese für das Beschlußverfahren im Abs. 2 besonders geregelt ist;

b) die §§ 39—42 über Versäumnisurteil und Vergleiche. Trotzdem sind Einigungsversuche nicht ausgeschlossen;

c) die §§ 45, 46 Leistung eines zugeschobenen oder zurückgeschobenen Eides;

d) die §§ 48—52 über das Urteil und Kostentragung;

e) die §§ 54—60 über Sühnetermin und Rechtsmittel, Vollstreckung und Kosten.

[2]) Es erscheint aber im Interesse der Aufklärung und Schnelligkeit des Verfahrens sowie des Vertrauens zur Rechtsprechung möglichst eine mündliche Verhandlung stattfinden zu lassen.

[3]) Jede der Vorschriften des Abs. 4 ist als zwingendes Recht zu beobachten. Daher ist auch im schriftlichen Verfahren die Verkündung des Beschlusses in einem Verhandlungstermin notwendig. Daß hierzu die Beteiligten zu laden sind, ist nicht vorgeschrieben.

V. Bestimmungen der ZPO.

und Nebengesetze, soweit sie für das Verfahren vor den Kaufmanns-, Gewerbe- und Arbeitsgerichten zur Anwendung kommen, in ihrer abgeänderten Form in der Fassung der Bekanntmachung vom 13. Mai 1924.

(RGBl. I Nr. 36 S. 437[1][2].)

(Stand vom 1. August 1924.)

[1]) Die Bekanntmachung lautet:

Bekanntmachung des Textes der Zivilprozeßordnung.

Vom 13. Mai 1924.

Auf Grund des Artikel VIII der Verordnung über das Verfahren in bürgerlichen Rechtsstreitigkeiten vom 13. Februar 1924 (Reichsgesetzbl. I S. 135) wird der Text der Zivilprozeßordnung in der vom 1. Juni 1924 ab geltenden Fassung sowie ferner bekanntgemacht, daß die im § 511a Abs. 1, im § 546 Abs. 1 und im § 567 Abs. 2 der Zivilprozeßordnung vorgesehenen Wertgrenzen gemäß der im Artikel I Nr. 2, 3 der weiteren Verordnung zur Entlastung der Gerichte und über die Gerichtskosten vom 13. Dezember 1923 (Reichsgesetzbl. I S. 1186) erfolgten Festsetzung bis auf weiteres

im § 511a Abs. 1 .... 50 Goldmark,
im § 546 Abs. 1 ....1800 Goldmark,
im § 567 Abs. 2 .... 30 Goldmark

betragen.

Berlin, den 13. Mai 1924.

Der Reichsminister der Justiz.
In Vertretung
Dr. Joël.

[2]) Folgende Abänderungsgesetze bzw. Verordnungen sind ergangen:

1. Bekanntmachung zur Entlastung der Gerichte vom 9. September 1915 (RGBl. S. 562).

2. Bekanntmachung über Änderungen der VO. zur Entlastung der Gerichte vom 9. September 1915 (RGBl. S. 562), vom 18. Mai 1916 (RGBl. S. 393).

3. VO. über Lohnpfändung vom 25. Juni 1919 (RGBl. S. 589).

4. Gesetz zur Entlastung der Gerichte vom 11. Mai 1921 (RGBl. S. 229).

5. Gesetz betr. die Pfändbarkeit von Gehaltsansprüchen vom 23. Dezember 1921 (RGBl. S. 1657).

6. Gebührenordnung für Zeugen und Sachverständige vom 13. März 1922 (RGBl. S. 242).

7. Gesetz zur weiteren Entlastung der Gerichte vom 8. Juli 1922 (RGBl. S. 569).

8. Gesetz über Zulassung der Frauen zu den Ämtern und Berufen der Rechtspflege vom 11. Juli 1922 (RGBl. S. 573).

9. Gesetz zur Änderung der Gebührenordnung für Zeugen und Sachverständige vom 24. Oktober 1922 (RGBl. I S. 806).

10. Gesetz zur Änderung der Vorschriften über Pfändbarkeit von Gehaltsansprüchen vom 26. Oktober 1922 (RGBl. I S. 805).

11. Gesetz zur Änderung des Gerichtskostengesetzes vom 21. Dezember 1922 (RGBl. 1923 I S. 1).

12. VO. zur Erhöhung der Gebühren für Zeugen und Sachverständige vom 15. Februar 1923 (RGBl. I S. 131).

13. VO. über Lohn- und Gehaltspfändung vom 23. Februar 1923 (RGBl. I S. 153).

14. Geldstrafengesetz vom 27. April 1923 (RGBl. I S. 254).

15. Zweite VO. zur Erhöhung der Gebühren für Zeugen und Sachverständige vom 8. Mai 1923 (RGBl. I S. 289).

16. Zweite VO. über Lohn- und Gehaltspfändung vom 5. Juli 1923 (RGBl. I S. 554).

17. Dritte VO. zur Erhöhung der Gebühren für Zeugen und Sachverständige vom 12. Juli 1923 (RGBl. I S. 632).

18. Vierte VO. zur Erhöhung der Gebühren für Zeugen und Sachverständige vom 18. August 1923 (RGBl. I S. 811).

19. Dritte VO. über Lohn- und Gehaltspfändung vom 13. August 1923 (RGBl. I S. 783).

20. Gesetz über Vermögensstrafen und Bußen vom 13. Oktober 1923 (RGBl. I S. 943).

21. Dritte VO. zur Entlastung der Gerichte vom 30. Oktober 1923 (RGBl. I S. 1041).

22. Vierte VO. zur Erhöhung der Gerichtskosten vom 30. Oktober 1923 (RGBl. I S. 1040).

23. Vierte VO. über Lohn- und Gehaltspfändung vom 22. November 1923 (RGBl. I S. 1110).

24. VO. auf Grund des Gesetzes über Vermögensstrafen und Bußen vom 23. November 1923 (RGBl. I S. 1117).

25. Weitere VO. zur Entlastung der Gerichte und über die Gerichtskosten vom 13. Dezember 1923 (RGBl. I S. 1186).

26. Gesetz über Erstattung der Prozeßkosten vom 13. Dezember 1923 (RGBl. I S. 1186).

27. Fünfte VO. über die Gebühren für Zeugen und Sachverständige vom 21. Dezember 1923 (RGBl. I S. 1239).

28. VO. zur Beschleunigung des Verfahrens in bürgerlichen Rechtsstreitigkeiten vom 22. Dezember 1923 (RGBl. I S. 1239).

29. Fünfte VO. über Lohn- und Gehaltspfändung vom 7. Januar 1924 (RGBl. I S. 25).

30. VO. zur Durchführung der VO. zur Beschleunigung des Verfahrens in bürgerlichen Rechtsstreitigkeiten vom 10. Januar 1924 (RGBl. I S. 27).

31. Gesetz über Vermögensstrafen und Bußen vom 6. Februar 1924 (RGBl. I S. 44).

32. VO. über das Verfahren in bürgerlichen Rechtsstreitigkeiten vom 13. Februar 1924 (RGBl. I S. 135).

Erstes Buch. Allgemeine Bestimmungen.

Erster Abschnitt. Gerichte.

Erster Titel. Sachliche Zuständigkeit der Gerichte.

§ 4. Für die Wertsberechnung ist der Zeitpunkt der Erhebung der Klage, in der Berufungs- und Revisionsinstanz der Zeitpunkt der Einlegung des Rechtsmittels, entscheidend; Früchte, Nutzungen, Zinsen und Kosten bleiben unberücksichtigt, wenn sie als Nebenforderungen geltend gemacht werden[1]).

Bei Ansprüchen aus Wechseln im Sinne der Wechselordnung sind Zinsen, Kosten und Provision, welche außer der Wechselsumme gefordert werden, als Nebenforderungen anzusehen.

[1]) Hinter dem Worte Zinsen stand in der alten Fassung noch „Schäden". Das Wort ist durch Art. III 1. Ges. über die Gebühren der Rechtsanwälte und die Gerichtskosten vom 18. August 1923 (RGBl. I S. 814) gestrichen worden.

Die VO. zur Entlastung der Gerichte usw. vom 13. Dezember 1923 (RGBl. I S. 1186 Art. IV) bestimmt hierzu

Artikel IV.

Der Wert des Streit- oder Beschwerdegegenstandes ist in Gold zu bestimmen.

Bei Ansprüchen, die eine in Reichswährung bestimmte Geldsumme betreffen, bestimmt sich der Wert des Streit- oder Beschwerdegegenstandes nach dem Umrechnungssatz (Artikel II Abs. 4) im Zeitpunkt der Einreichung der Klage oder der Einlegung des Rechtsmittels. Bei Ansprüchen dieser Art erhöht sich der Wert des Streit- oder Beschwerdegegenstandes nicht dadurch, daß der Kläger wegen einer nach dem genannten Zeitpunkt eingetretenen Geldentwertung den Klageantrag erweitert.

Im Konkursverfahren gilt die Vorschrift des Abs. 2 Satz 1

mit der Maßgabe entsprechend, daß der Umrechnung im Falle des § 41 des Gerichtskostengesetzes der Umrechnungssatz im Zeitpunkt des Antrags, in den Fällen der §§ 42, 44 daselbst der Umrechnungssatz im Zeitpunkt der Eröffnung des Verfahrens zugrunde zu legen ist.

Vierter Titel.

Ausschließung und Ablehnung der Gerichtspersonen.

§ 41. Ein Richter ist von der Ausübung des Richteramts kraft Gesetzes ausgeschlossen:

1. in Sachen, in welchen er selbst Partei ist, oder in Ansehung welcher er zu einer Partei in dem Verhältnisse eines Mitberechtigten, Mitverpflichteten oder Regreßpflichtigen steht;
2. in Sachen seines Ehegatten[1]), auch wenn die Ehe nicht mehr besteht;
3. in Sachen einer Person, mit welcher er in gerader Linie verwandt, verschwägert oder durch Adoption verbunden, in der Seitenlinie bis zum dritten Grade verwandt oder bis zum zweiten Grade verschwägert ist, auch wenn die Ehe, durch welche die Schwägerschaft begründet ist, nicht mehr besteht;
4. in Sachen, in welchen er als Prozeßbevollmächtigter oder Beistand einer Partei bestellt oder als gesetzlicher Vertreter einer Partei aufzutreten berechtigt ist oder gewesen ist;
5. in Sachen, in welchen er als Zeuge oder Sachverständiger vernommen ist;
6. in Sachen, in welchen er in einer früheren Instanz oder im schiedsrichterlichen Verfahren bei der Erlassung der angefochtenen Entscheidung

mitgewirkt hat, sofern es sich nicht um die Tätigkeit eines beauftragten oder ersuchten Richters handelt.

[1]) Durch Art. III des Gesetzes vom 11. Juli 1922 (RGBl. S. 573) betr. Zulassung der Frauen zu den Ämtern und Berufen der Rechtspflege an die Stelle die Worte: „seiner Ehefrau" gesetzt.

Zweiter Abschnitt. **Parteien.**

Vierter Titel. **Prozeßbevollmächtigte und Beistände.**

§ 80. Der Bevollmächtigte hat die Bevollmächtigung durch eine schriftliche Vollmacht nachzuweisen und diese zu den Gerichtsakten abzugeben.

Das Gericht kann auf Antrag des Gegners die öffentliche Beglaubigung einer Privaturkunde anordnen[1]). Wird der Antrag zurückgewiesen, so ist dagegen kein Rechtsmittel zulässig. Bei der Beglaubigung bedarf es weder der Zuziehung von Zeugen, noch der Aufnahme eines Protokolls.

[1]) Durch Art. II Ziff. 1 der VO. vom 13. Februar 1924 (RGBl. I S. 135) abgeändert. Satz 1 des Abs. 2 der alten Fassung ist durch die beiden neuen Sätze ersetzt. Das Verlangen des Gegners ist jetzt durch das Ermessen des Gerichtes eingeschränkt.

Fünfter Titel. **Prozeßkosten.**

§ 91. Die unterliegende Partei hat die Kosten[1]) des Rechtsstreits zu tragen, insbesondere die dem Gegner erwachsenen Kosten zu erstatten, soweit dieselben zur zweckentsprechenden Rechtsverfolgung oder Rechtsverteidigung notwendig waren. Die Kostenerstattung umfaßt auch die Entschädigung des Gegners für die durch notwendige Reisen oder durch die notwendige Wahrnehmung von Terminen entstandene Zeitversäumnis; die für die Entschädigung von Zeugen geltenden Vorschriften finden entsprechende Anwendung.

Die Gebühren und Auslagen des Rechtsanwalts der obsiegenden Partei sind in allen Prozessen zu erstatten, Reisekosten eines auswärtigen Rechtsanwalts jedoch nur insoweit, als die Zuziehung zur zweckentsprechenden Rechtsverfolgung oder Rechtsverteidigung notwendig war. Die Kosten mehrerer Rechtsanwälte sind nur insoweit zu erstatten, als sie die Kosten eines Rechtsanwalts nicht übersteigen, oder als in der Person des Rechtsanwalts ein Wechsel eintreten mußte.

Zu den Kosten des Rechtsstreits im Sinne der Abs. 1, 2 gehören auch die Kosten eines vorausgegangenen Güteverfahrens; dies gilt nicht, wenn zwischen der Beendigung des Güteverfahrens und der Klageerhebung mehr als ein Jahr verstrichen ist [2]).

Abs. 3 findet entsprechende Anwendung auf die Gebühren, die durch ein Güteverfahren vor einer Gütestelle der im § 495a Abs. 1 Nr. 1 bezeichneten Art entstanden sind.

[1]) Vgl. hierzu § 104 Anm. über Festsetzung der Kosten in Goldmark.

[2]) Abs. 2 und 3 kommen für das Verfahren vor den GG. und KG. nicht in Frage (siehe Vorbemerkung).

§ 99. Die Anfechtung der Entscheidung über den Kostenpunkt ist unzulässig, wenn nicht gegen die Entscheidung in der Hauptsache ein Rechtsmittel eingelegt wird.

Ist die Hauptsache durch eine auf Grund eines Anerkenntnisses ausgesprochene Verurteilung erledigt, so kann die Entscheidung über den Kostenpunkt selbständig angefochten werden.

Ist eine Entscheidung in der Hauptsache nicht ergangen, so findet gegen die Entscheidung über den Kostenpunkt, mit der Beschränkung des § 567 Abs. 2[1]), sofortige Beschwerde statt. Vor der Entscheidung über die Beschwerde ist der Gegner zu hören.

[1]) D. h. nur, wenn die Beschwerdesumme den vom Reichsminister der Justiz nach Anhörung eines Ausschusses des Reichstages mit Zustimmung des Reichsrats festzusetzenden Betrag übersteigt. Die Bestimmung ist hinzugefügt infolge Art. II Ziff. 88, VO. vom 13. Februar 1924 (RGBl. I S. 135). Vgl. hierzu Anm. 1 zu § 567 ZPO.

§ 104. Die Entscheidung über das Festsetzungsgesuch erfolgt durch den Gerichtsschreiber. Sie ist den Parteien von Amts wegen zuzustellen, dem Gegner des Antragstellers unter Beifügung der Abschrift der Kostenberechnung.

Zur Berücksichtigung eines Ansatzes genügt, daß dieser glaubhaft gemacht ist. Hinsichtlich der einem Rechtsanwalt erwachsenen Auslagen an Post-, Telegraphen- und Fernsprechgebühren genügt die Versicherung des Rechtsanwalts, daß diese Auslagen entstanden sind.

Über Erinnerungen gegen den Festsetzungsbeschluß entscheidet das Gericht, dessen Gerichtsschreiber den Beschluß erlassen hat. Die Erinnerungen sind binnen einer Notfrist von zwei Wochen, welche mit der Zustellung des Beschlusses beginnt, zu erheben. Die Entscheidung kann ohne vorgängige mündliche Verhandlung erfolgen. Das Gericht kann vor der Entscheidung anordnen, daß die Vollstreckung des Festsetzungsbeschlusses auszusetzen sei. Gegen die Entscheidung des Gerichts findet sofortige Beschwerde statt.

[1]) Art. I Gesetz über die Erstattung von Prozeßkosten vom 13. Dezember 1923 (RGBl. I S. 1186) bestimmt hierzu:

Artikel I. Die einer Partei zu erstattenden Kosten sind in dem Kostenfestsetzungsbeschluß (§ 104 der Zivilprozeßordnung) in Gold festzusetzen.

In Reichswährung entstandene Kosten sind zum Zwecke der Festsetzung in Gold umzurechnen. Maßgebend für die Umrechnung ist der vom Reichsminister der Finanzen bekanntgegebene Goldumrechnungssatz (§ 2 der Durchführungsbestimmungen zur Aufwertungsverordnung vom 13. Oktober 1923, RGBl. I S. 951) im Zeitpunkte der Verauslagung. Der Reichsminister der Justiz ist ermächtigt, einen anderen Umrechnungssatz zu bestimmen. Der sich bei der Umrechnung ergebende Gesamtbetrag ist auf volle zehn Goldpfennig nach unten abzurunden. Die Kostenberechnung (§ 103 Abs. 2 der Zivilprozeßordnung hat die Umrechnung zu enthalten.

§ 108[1]). In den Fällen der Bestellung einer prozessualischen Sicherheit kann das Gericht nach freiem Ermessen bestimmen, in welcher Art und Höhe die Sicherheit zu leisten ist. Soweit das Gericht eine Bestimmung nicht getroffen hat und die Parteien ein anderes nicht vereinbart haben[2]), ist die Sicherheitsleistung durch Hinterlegung von Geld oder solchen Wertpapieren zu bewirken, welche nach § 234 Abs. 1, 3 des Bürgerlichen Gesetzbuchs zur Sicherheitsleistung geeignet sind.

Die Vorschriften des § 234 Abs. 2 und des § 235 des Bürgerlichen Gesetzbuchs finden entsprechende Anwendung.

[1]) Die neue Fassung ist durch Art. II Ziff. 4 VO. vom 13. Februar 1924 erfolgt.

[2]) In erster Linie kann also Art und Höhe der Sicherheit ohne Rücksicht auf die Parteien vom Gericht nach freiem Ermessen festgesetzt werden. Erst dann können die Parteien hierüber eine Vereinbarung treffen und falls dies nicht geschieht, ist eine Sicherheitsleistung durch Hinterlegung von Geld oder solchen Wertpapieren zu bewirken, welche nach § 234 Abs. 1, 3 BGB. zur Sicherheitsleistung geeignet sind.

Dritter Abschnitt. **Verfahren.**

Erster Titel. **Mündliche Verhandlung.**

§ 137[1]). Die mündliche Verhandlung wird dadurch eingeleitet, daß die Parteien ihre Anträge stellen.

Die Vorträge der Parteien sind in freier Rede zu halten; sie haben das Streitverhältnis in tatsächlicher und rechtlicher Beziehung zu umfassen.

Eine Bezugnahme auf Schriftstücke ist zulässig, soweit keine der Parteien widerspricht und das Gericht sie für angemessen hält. Die Vorlesung von Schriftstücken findet nur insoweit statt, als es auf den wörtlichen Inhalt derselben ankommt.

In Anwaltsprozessen ist neben dem Anwalt auch der Partei selbst auf Antrag das Wort zu gestatten.

[1]) Abs. 3 Satz 1 durch Art. II Ziff. 7 VO. vom 13. Februar 1924 geändert.

§ 139. Der Vorsitzende hat dahin zu wirken, daß die Parteien über alle erheblichen Tatsachen sich vollständig erklären und die sachdienlichen Anträge stellen, insbesondere auch ungenügende Angaben der geltend gemachten Tatsachen ergänzen und die Beweismittel bezeichnen. Er hat zu diesem Zwecke, soweit erforderlich, das Sach- und Streitverhältnis mit den Parteien nach der tatsächlichen und der rechtlichen Seite zu erörtern und Fragen zu stellen.

Der Vorsitzende hat auf die Bedenken aufmerksam zu machen, welche in Ansehung der von Amts wegen zu berücksichtigenden Punkte obwalten.

Er hat jedem Mitglied des Gerichts auf Verlangen zu gestatten, Fragen zu stellen.

[1]) Abs. 1 durch Art. II Ziff. 8 VO. vom 13. Februar 1924 geändert. Durch die Neufassung hat eine Verschmelzung mit der Bestimmung des § 502 alter Fassung, der bis dahin nur für die Amtsgerichte galt, stattgefunden und ist nun für alle Vorsitzenden maßgebend. § 502 ist daher fortgefallen. § 139 wirkt ergänzend zu § 42 GG.

§ 141 [1]). Das Gericht kann das persönliche Erscheinen einer Partei zur Aufklärung des Sachverhalts anordnen; von der Anordnung soll abgesehen werden, wenn der Partei wegen weiter Entfernung ihres Aufenthaltsorts vom Gerichtssitz oder aus sonstigen wichtigen Gründen die persönliche Wahrnehmung des Termins nicht zugemutet werden kann.

Wird das Erscheinen angeordnet, so ist die Partei von Amts wegen zu laden. Die Ladung ist der Partei selbst zuzustellen, auch wenn sie einen Prozeßbevollmächtigten bestellt hat.

Bleibt die Partei im Termin aus, so können gegen sie die gleichen Strafen wie gegen einen im

Vernehmungstermine nicht erschienenen Zeugen, jedoch mit Ausnahme der Haftstrafe, verhängt werden[2]). Dies gilt nicht, wenn die Partei zur Verhandlung einen Vertreter entsendet, der zur Aufklärung des Tatbestandes in der Lage und zur Abgabe der gebotenen Erklärungen, insbesondere zu einem Vergleichsabschlusse, ermächtigt ist. Die Partei ist auf die Folgen ihres Ausbleibens in der Ladung hinzuweisen.

[1]) Neufassung des Abs. 1 und Zusatz des Abs. 3 durch Art. II, Ziff. 9, VO. vom 13. Februar 1924. § 141 ist Ergänzungsbestimmung zu § 42 GGG.

[2]) § 380 ZPO. Nur Geldstrafe, nicht Haftstrafe ist zulässig.

§ 163. Das Protokoll ist von dem Vorsitzenden und dem Gerichtsschreiber zu unterschreiben.

Ist der Vorsitzende verhindert, so unterschreibt für ihn der älteste beisitzende Richter. Im Falle der Verhinderung des Amtsrichters genügt die Unterschrift des Gerichtsschreibers [1]).

Von der Zuziehung eines Protokollführers kann nach Bestimmung des Vorsitzenden abgesehen werden.

[1]) Abs. 3 ist hinzugefügt durch Art. II, Ziff. 10, VO. vom 13. Februar 1924. Da gemäß § 159 ZPO. ein Protokoll aufgenommen werden muß, wird im Falle der Absehung von einem Protokollführer der Vorsitzende das Protokoll führen müssen. Gegenüber der speziellen Bestimmung des § 47 GGG. kommt Abs. 3 im Verfahren vor den KG. und GG. nicht zur Anwendung.

§ 163a[1]). Niederschriften größeren Umfanges, insbesondere über die Aussagen von Zeugen und Sachverständigen und über das Ergebnis eines Augenscheins, können in einer gebräuchlichen Kurzschrift als Anlage des Protokolls (§ 160 Abs. 2) aufgenommen werden. In diesem Falle ist die Anlage stets den Beteiligten vorzulesen und allein von dem Gerichtsschreiber zu unterzeichnen. § 162 Satz 2 findet Anwendung. Nach Beendigung des Termins ist unverzüglich eine Übertragung der Anlage des Protokolls in die gewöhnliche Schrift anzufertigen und von dem Gerichtsschreiber zu beglaubigen. Die Übertragung tritt für das weitere Verfahren an die Stelle der Anlage.

Der Nachweis der Unrichtigkeit der Übertragung ist jederzeit zulässig.

[1]) Neu eingestellt durch Art. II Ziff. 11 VO. vom 13. Februar 1924.

§ 200. Zustellungen an Deutsche, welche das Recht der Exterritorialität genießen, erfolgen, wenn dieselben zur Mission des Reichs gehören, mittels Ersuchens des Reichsministers des Auswärtigen; wenn dieselben zur Mission eines deutschen Landes gehören, mittels Ersuchens des Ministers der auswärtigen Angelegenheiten dieses Landes.

Zustellungen an die Vorsteher der Reichskonsulate erfolgen mittels Ersuchens des Reichsministers des Auswärtigen[1]).

[1]) Geändert durch § 5 Übergangsgesetz vom 4. März 1919 (RGBl. S. 285). Früher des Reichskanzlers.

Dritter Titel. **Ladungen, Termine und Fristen.**

§ 224. Durch Vereinbarung der Parteien können Fristen, mit Ausnahme der Notfristen[1]), abgekürzt werden.

Auf Antrag können richterliche und gesetzliche Fristen abgekürzt oder verlängert werden, wenn erhebliche Gründe glaubhaft gemacht sind, gesetzliche Fristen jedoch nur in den besonders bestimmten Fällen.

Im Falle der Verlängerung wird die neue Frist von dem Ablauf der vorigen Frist an berechnet, wenn nicht im einzelnen Falle ein anderes bestimmt ist.

[1]) Die Worte „verlängert oder" sind aus der alten Fassung fortgefallen (Art. II Ziff. 13 VO. vom 13. Februar 1924).

§ 227[1]). Das Gericht kann aus erheblichen Gründen auf Antrag oder von Amts wegen einen Termin aufheben. Beschlüsse hierüber können ohne mündliche Verhandlung ergehen.

Der Beschluß über die Aufhebung eines Termins ist, falls er ohne mündliche Verhandlung ergeht, mit Gründen zu versehen. Auch die Zurückweisung eines Antrags auf Aufhebung eines Termins ist unanfechtbar.

Die Vorschriften der Abs. 1, 2 gelten auch für die Verlegung eines Termins und für die Vertagung einer Verhandlung.

[1]) Neufassung durch Art. II, Ziff. 14, VO. vom 13. Februar 1924. Hiernach treten Vertagungen und Terminsaufhebungen trotz Vereinbarung der Parteien erst ein, wenn das Gericht sie aus erheblichen Gründen anordnet. Zu beachten ist, daß Beschlüsse, die hierüber ohne mündliche Verhandlung ergehen, mit Gründen versehen sein müssen, ablehnende Beschlüsse sind unanfechtbar.

§ 228 ist fortgefallen[1]).

[1]) Durch Art. II Ziff. 14 VO. vom 13. Februar 1924.

Vierter Titel. **Folgen der Versäumung. Wiedereinsetzung in den vorigen Stand.**

§ 233[1]). Einer Partei, welche durch Naturereignisse oder andere unabwendbare Zufälle verhindert worden ist, eine Notfrist oder die Frist zur Begründung der Berufung oder der Revision oder die ihr gemäß § 519 Abs. 6, § 554 Abs. 7 gesetzte Frist einzuhalten, ist auf Antrag die Wiedereinsetzung in den vorigen Stand zu erteilen.

Hat eine Partei die Einspruchsfrist versäumt, so ist ihr die Wiedereinsetzung auch dann zu erteilen, wenn sie von der Zustellung des Versäumnisurteils ohne ihr Verschulden keine Kenntnis erlangt hat.

[1]) Neufassung durch Art. II Ziff. 15 VO. vom 13. Februar 1924. Der Paragraph war bereits durch Art. II 1 des Gesetzes zur Änderung des Gerichtskostengesetzes vom 21. Dezember 1922 (RGBl. 1923 I S. 1) geändert, was durch die Neufassung sich erledigt.

§ 234. Die Wiedereinsetzung muß innerhalb einer zweiwöchigen Frist beantragt werden.

Die Frist beginnt mit dem Tage, an welchem das Hindernis gehoben ist[1]).

Nach Ablauf eines Jahres, von dem Ende einer versäumten Frist an gerechnet, kann die Wiedereinsetzung nicht mehr beantragt werden.

[1]) Abs. 2 Halbsatz 2 ist fortgefallen wegen der neugefaßten Bestimmung des § 224 Abs. 1 (Art. II Ziff. 16 VO. vom 13. Februar 1924).

Fünfter Titel.

Unterbrechung und Aussetzung des Verfahrens.

§ 251[1]). Das Gericht hat das Ruhen des Verfahrens anzuordnen, wenn beide Parteien dies beantragen und anzunehmen ist, daß wegen Schwebens von Vergleichsverhandlungen oder aus sonstigen wichtigen Gründen diese Anordnung zweckmäßig ist. Die Anordnung hat auf den Lauf der im § 233 Abs. 1 bezeichneten Fristen[2]) keinen Einfluß.

Vor Ablauf von drei Monaten kann das Verfahren nur mit Zustimmung des Gerichts aufgenommen werden[3]).

[1]) Neugefaßt durch Art. II Ziff. 17 VO. vom 13. Februar 1924.

[2]) Nicht nur auf Notfristen, sondern auf alle Fristen des § 233 Abs. 1 ZPO.

[3]) Durch Abs. 2 wird eine Umgehung des § 227 verhindert.

§ 251a[1]). Erscheinen in einem Termine beide Parteien nicht, oder stellt beim Ausbleiben einer Partei, ohne daß es zur Vertagung kommt, die erschienene Partei keine Anträge zur Sache, so kann das Gericht nach Lage der Akten entscheiden. Ein Urteil darf in diesem Falle nur in einem besonderen, auf mindestens eine Woche hinaus anzusetzenden Termin verkündet werden, und nur, wenn in einem früheren Termin eine mündliche Verhandlung stattgefunden hat. Das Gericht hat der nicht erschienenen Partei durch eingeschriebenen Brief den Verkündungstermin bekanntzugeben. Die Verkündung unterbleibt, wenn eine nicht erschienene Partei dies vor dem Verkündungstermin beantragt und glaubhaft macht, daß sie in dem Verhandlungstermin ohne ihr Verschulden ausgeblieben ist.

Ergeht eine Entscheidung nach Lage der Akten nicht, so bestimmt das Gericht von Amts wegen einen neuen Termin zur mündlichen Verhandlung und gibt ihn den Parteien bekannt oder ordnet das Ruhen des Verfahrens an.

[1]) Eingestellt durch Art. II Ziff. 18 VO. vom 13. Februar 1924.

Folgende Entscheidungen des Gerichts sind demnach möglich:

1. Beide Parteien erscheinen nicht oder eine Partei erscheint, stellt aber keine Anträge.

a) Das Gericht vertagt gemäß § 227 von Amts wegen.

b) Das Gericht entscheidet nach freiem Ermessen, wenn in einem früheren Termin bereits mündlich verhandelt war, nach Lage der Akten, ev. durch Erhebung von Beweisen usw., darf aber ein Urteil erst in einem besonderen, auf mindestens eine Woche hinaus anzusetzenden Termin verkünden.

c) Das Gericht ordnet das Ruhen des Verfahrens an (Abs. 2).

2. Nur eine Partei erscheint und stellt Anträge:

a) Das Gericht vertagt nach freiem Ermessen ev. auf Antrag der erschienenen Parteien (§ 227).

b) Das Gericht entscheidet auf Antrag der erschienenen Partei wie zu 1b.

c) Das Gericht ordnet das Ruhen des Verfahrens an (Abs. 2).

d) Das Gericht entscheidet auf Antrag der erschienenen Partei durch Versäumnisurteil. (Vgl. hierzu § 331a).

Zu erwähnen ist hierzu § 23a der VO. vom 22. Dezember 1923 (RGBl. I S. 1239), wonach im Einverständnis der Parteien das Gericht eine Entscheidung ohne mündliche Verhandlung treffen kann. Wie es in der Begründung zu dieser VO. heißt, soll hier durch diese Bestimmung bezweckt werden die Mündlichkeit, die ohnehin heute namentlich bei großen und stark beschäftigten Gerichten vielfach nicht in einer den Grundsätzen der Prozeßordnung entsprechenden Weise durchgeführt wird, gesetzlich einzuschränken und die obligatorische Mündlichkeit in eine fakultative abzuschwächen, wobei aber doch auch für die Zukunft das Prinzip der Mündlichkeit die Regel bilden solle. Sämtliche Bestimmungen kommen für die Sondergerichte kaum in Frage, da Schriftsätze nur selten gewechselt werden und der Richter lediglich in der mündlichen Verhandlung die Begründung der Klage zu hören bekommt. Jede Partei aber über die ihr aus § 251a zustehenden Rechte zu belehren, dürfte praktisch nicht durchführbar sein.

Zweites Buch. **Verfahren in erster Instanz.**

Erster Abschnitt.

Verfahren vor den Landgerichten.

Erster Titel. **Verfahren bis zum Urteil.**

§ 253[1]). Die Erhebung der Klage erfolgt durch Zustellung eines Schriftsatzes.

Derselbe muß enthalten:

1. die Bezeichnung der Parteien und des Gerichts;
2. die bestimmte Angabe des Gegenstandes und des Grundes des erhobenen Anspruchs, sowie einen bestimmten Antrag;
3. die Ladung des Beklagten vor das Prozeßgericht zur mündlichen Verhandlung des Rechtsstreits.

Die Klageschrift soll ferner enthalten:

1. die Aufforderung, etwaige gegen die Behauptungen des Klägers vorzubringende Einwendungen und Beweismittel unverzüglich durch den zu bestellenden Anwalt (§ 215) in einem Schriftsatz dem Kläger und dem Gerichte mitzuteilen;
2. die Angabe des Wertes des Streitgegenstandes, wenn hiervon die Zuständigkeit des Gerichts

abhängt und der Streitgegenstand nicht in einer bestimmten Geldsumme besteht.

Außerdem finden die allgemeinen Bestimmungen über die vorbereitenden Schriftsätze auch auf die Klageschrift Anwendung.

[1]) Neugefaßt ist Abs. 3 Ziff. 1 durch Art. II Ziff. 19 VO. vom 13. Februar 1924.

§ 264[1]). Nach dem Eintritt der Rechtshängigkeit ist eine Änderung der Klage zulässig, wenn der Beklagte einwilligt oder das Gericht sie für sachdienlich erachtet.

[1]) Klageänderung ist also auch gegen den Willen des Beklagten zulässig, wenn das Gericht sie für sachdienlich erachtet. Neufassung durch Art. II Ziff. 20 VO. vom 13. Februar 1924.

§ 272[1]). Jede Partei hat dem Gegner solche tatsächliche Behauptungen, Beweismittel und Anträge, auf welche derselbe voraussichtlich ohne vorhergehende Erkundigung keine Erklärung abgeben kann, vor der mündlichen Verhandlung mittels vorbereitenden Schriftsatzes so zeitig mitzuteilen, daß der Gegner die erforderliche Erkundigung noch einzuziehen vermag.

[1]) Abs. 2 der alten Fassung ist fortgefallen, da seine Bestimmung durch den neu eingeschobenen § 279a gegenstandslos geworden ist (Art. II Ziff. 21 u. 29 VO. vom 13. Februar 1924).

§ 272a[1]). Kann eine Partei in der mündlichen Verhandlung auf eine Behauptung des Gegners eine Erklärung nicht abgeben, weil ihr die Behauptung nicht rechtzeitig vor dem Termine mitgeteilt ist, so kann auf ihren Antrag das Gericht eine Frist bestimmen, innerhalb deren sie die Erklärung in einem Schriftsatz nachbringen kann, und gleichzeitig einen Termin zur Verkündung einer Entscheidung anberaumen, der auch über eine Woche hinaus angesetzt werden kann. Wird bis zu dem Termin die Zustellung des Schriftsatzes an den Gegner nachgewiesen und eine Abschrift von ihm dem Gericht eingereicht, so ist sein Inhalt bei der Entscheidung zu berücksichtigen; wird der Schriftsatz bis zu dem Termin nicht eingereicht, so gilt die Behauptung des Gegners als nicht bestritten.

[1]) Neu eingestellt durch Art. II Ziff. 22 VO. vom 13. Februar 1924.

§ 272 b [1]). Der Vorsitzende oder ein von ihm zu bestimmendes Mitglied des Prozeßgerichts hat schon vor der mündlichen Verhandlung alle Anordnungen zu treffen, die angebracht erscheinen, damit der Rechtsstreit tunlichst in einer mündlichen Verhandlung erledigt wird.

Zu diesem Zwecke kann er insbesondere

1. den Parteien die Ergänzung oder Erläuterung ihrer vorbereitenden Schriftsätze sowie die Vorlegung von Urkunden, Stammbäumen, Plänen, Rissen und Zeichnungen aufgeben;
2. Behörden oder Beamte um Mitteilung von Urkunden oder um Erteilung einer amtlichen Auskunft ersuchen;
3. das persönliche Erscheinen der Parteien anordnen;
4. Zeugen, auf welche eine Partei sich bezogen hat, zur mündlichen Verhandlung laden oder

von ihnen nach Maßgabe der Vorschriften des § 377 Abs. 3, 4 schriftliche Auskünfte einholen;

5. die Einnahme des Augenscheins sowie die Begutachtung durch Sachverständige anordnen und ausführen oder Sachverständige zur mündlichen Verhandlung laden.

Anordnungen der unter Nr. 4, 5 bezeichneten Art sollen nur ergehen, wenn der Beklagte dem Klageanspruche bereits widersprochen hat. Erfordert die Ausführung der Anordnung die Abhaltung eines Termins, so ist dieser tunlichst mit dem Termin zur mündlichen Verhandlung zu verbinden.

Die Parteien sind von jeder Anordnung zu benachrichtigen. Die Benachrichtigung kann unterbleiben, wenn es nach dem Ermessen des Vorsitzenden oder des von ihm beauftragten Mitglieds für die Wahrnehmung der Rechte der Parteien nicht wesentlich ist, daß sie vor dem Termin zur mündlichen Verhandlung von der Anordnung Kenntnis erhalten. Wird das persönliche Erscheinen der Parteien angeordnet, so finden die Vorschriften des § 141 Abs. 2, 3 Anwendung.

[1]) Neu eingestellt durch Art. II Ziff. 23 VO. vom 13. Februar 1924 als allgemeine Vorschrift an Stelle des nunmehr fortgefallenen, nur für das amtsgerichtliche Verfahren geltenden § 501.

§ 275[1]). Über prozeßhindernde Einreden ist besonders zu verhandeln und durch Urteil zu entscheiden, wenn das Gericht auf Antrag oder von Amts wegen die abgesonderte Verhandlung anordnet.

Das Urteil, durch welches die prozeßhindernde Einrede verworfen wird, ist in betreff der Rechtsmittel als Endurteil anzusehen; das Gericht kann jedoch auf Antrag anordnen, daß zur Hauptsache zu verhandeln sei.

[1]) Die Worte alter Fassung: „wenn der Beklagte auf Grund derselben die Verhandlung zur Hauptsache verweigert" sind fortgefallen (Art. II Ziff. 24 VO. vom 13. Februar 1924).

§ 276[1]). Ist auf Grund der Bestimmungen über die örtliche oder sachliche Zuständigkeit der Gerichte die Unzuständigkeit des Gerichts auszusprechen, so hat das angegangene Gericht, sofern das zuständige Gericht bestimmt werden kann, auf Antrag des Klägers durch Beschluß sich für unzuständig zu erklären und den Rechtsstreit an das zuständige Gericht zu verweisen. Sind mehrere Gerichte zuständig, so erfolgt die Verweisung an das vom Kläger gewählte Gericht.

Eine Anfechtung des Beschlusses findet nicht statt; mit der Verkündung des Beschlusses gilt der Rechtsstreit als bei dem im Beschlusse bezeichneten Gericht anhängig. Der Beschluß ist für dieses Gericht bindend.

Die im Verfahren vor dem angegangenen Gericht erwachsenen Kosten werden als Teil der Kosten behandelt, welche bei dem im Beschlusse bezeichneten Gericht erwachsen. Dem Kläger sind die entstandenen Mehrkosten auch dann aufzuerlegen, wenn er in der Hauptsache obsiegt.

[1]) Neugefaßt durch Art. II Ziff. 25 VO. vom 13. Februar 1924. Der bisher nur für den Amtsgerichtsprozeß geltende

§ 505 ist durch diesen Paragraphen ersetzt. Die Überweisung ist nun allgemein auch für den Landgerichtsprozeß zulässig geworden, ebenso auch im Verhältnis zu den GG. und KG. und umgekehrt.

§ 278[1]). Angriffs- und Verteidigungsmittel (Einreden, Widerklage, Repliken usw.) können bis zum Schlusse derjenigen mündlichen Verhandlung, auf welche das Urteil ergeht, geltend gemacht werden.

Das Gericht hat, wenn durch das nachträgliche Vorbringen eines Angriffs- oder Verteidigungsmittels die Erledigung des Rechtsstreits verzögert wird, der obsiegenden Partei, welche nach freier richterlicher Überzeugung imstande war, das Angriffs- oder Verteidigungsmittel zeitiger geltend zu machen, die Prozeßkosten ganz oder teilweise aufzuerlegen.

[1]) Abgeändert durch Art. II Ziff. 27 VO. vom 13. Februar 1924. Im Abs. 2 der alten Fassung sind an Stelle des Wortes „kann" das Wort „hat" und an Stelle des Wortes „auferlegen" das Wort „aufzuerlegen" getreten. Die Bestimmung ist danach zwingendes Recht geworden.

§ 279[1]). Angriffs- oder Verteidigungsmittel, die von einer Partei nachträglich vorgebracht werden, können zurückgewiesen werden, wenn durch deren Zulassung die Erledigung des Rechtsstreits verzögert werden würde und nach der freien Überzeugung des Gerichts die Partei in der Absicht, den Prozeß zu verschleppen, oder aus grober Nachlässigkeit das Angriffs- oder Verteidigungsmittel nicht früher vorgebracht hat.

[1]) Abgeändert durch Art. II Ziff. 28 VO. vom 13. Februar 1924.

§ 279a [1]). Erachtet das Gericht bestimmte Punkte für aufklärungsbedürftig, so soll es den Parteien aufgeben, sich innerhalb bestimmter Frist über die streitigen Punkte zu erklären. Wird einer solchen Anordnung nicht Folge geleistet, so kann die Erklärung, wenn sie später nachgeholt wird, für die Instanz unberücksichtigt bleiben, wenn die Partei die Verspätung nicht genügend entschuldigt.

[1]) Neu eingestellt durch Art. II Ziff. 29 VO. vom 13. Februar 1924.

§ 281. Die Rechtshängigkeit eines erst im Laufe des Prozesses erhobenen Anspruchs tritt mit dem Zeitpunkt ein, in welchem der Anspruch in der mündlichen Verhandlung geltend gemacht oder[1]) ein den Erfordernissen des § 253 Abs. 2 Nr. 2 entsprechender Schriftsatz zugestellt oder gemäß § 496 Abs. 4 mitgeteilt wird.

[1]) Der mit „oder" beginnende Halbsatz ist durch Art. II Ziff. 1 der VO. vom 22. Dezember 1923 (RGBl. I S. 1239) hinzugesetzt worden. Hierdurch ist die Möglichkeit geschaffen, daß, wenn gemäß § 23a derselben VO. ohne mündliche Verhandlung entschieden wird, neue Ansprüche im Laufe des Rechtsstreits schriftlich erhoben werden können. Für das amtsgerichtliche Verfahren und daher auch für das Verfahren vor den GG. und KG. ist statt der Zustellung eines Schriftsatzes auch die einfache Mitteilung des Anspruches gemäß § 496 Abs. 5 (jetzt 496 Abs. 4) zulässig.

§ 283 [1]). Beweismittel und Beweiseinreden können bis zum Schlusse derjenigen mündlichen Verhandlung, auf welche das Urteil ergeht, geltend gemacht werden.

Auf das nachträgliche Vorbringen von Beweismitteln und Beweiseinreden finden die Vorschriften des § 278 Abs. 2 und der §§ 279, 279a entsprechende Anwendung.

[1]) Geändert durch Art. II Ziff. 30 VO. vom 13. Februar 1924.

§ 287[1]). Ist unter den Parteien streitig, ob ein Schaden entstanden sei, und wie hoch sich der Schaden oder ein zu ersetzendes Interesse belaufe, so entscheidet hierüber das Gericht unter Würdigung aller Umstände nach freier Überzeugung. Ob und inwieweit eine beantragte Beweisaufnahme oder von Amts wegen die Begutachtung durch Sachverständige anzuordnen sei, bleibt dem Ermessen des Gerichts überlassen. Das Gericht kann anordnen, daß der Beweisführer den Schaden oder das Interesse eidlich schätze. In diesem Falle hat das Gericht zugleich den Betrag zu bestimmen, welchen die eidliche Schätzung nicht übersteigen darf.

Die Vorschriften des Abs. 1 Satz 1, 2 finden bei vermögensrechtlichen Streitigkeiten auch in anderen Fällen entsprechende Anwendung, soweit unter den Parteien die Höhe einer Forderung streitig ist und die vollständige Aufklärung aller hierfür maßgebenden Umstände mit Schwierigkeiten verbunden ist, die zu der Bedeutung des streitigen Teiles der Forderung in keinem Verhältnis stehen.

[1]) An Stelle des bisherigen Abs. 2 ist der neue Abs. 2 durch Art. II Ziff. 31 VO. vom 13. Februar 1924 gesetzt worden.

Zweiter Titel. **Urteil.**

§ 303[1]. Ist ein Zwischenstreit zur Entscheidung reif, so kann die Entscheidung durch Zwischenurteil erfolgen.

[1]) Neugefaßt durch Art. II Ziff. 32 VO. vom 13. Februar 1924. Nach Fortfall der Worte: „ein einzelnes, selbständiges Angriffs- oder Verteidigungsmittel" darf das Gericht nunmehr nicht mehr hierüber durch Zwischenurteil entscheiden.

§ 313. Das Urteil enthält:

1. die Bezeichnung der Parteien, ihrer gesetzlichen Vertreter und der Prozeßbevollmächtigten nach Namen, Stand oder Gewerbe, Wohnort und Parteistellung;
2. die Bezeichnung des Gerichts und die Namen der Richter, welche bei der Entscheidung mitgewirkt haben;
3. eine gedrängte Darstellung des Sach- und Streitstandes auf Grundlage der mündlichen Vorträge der Parteien unter Hervorhebung der gestellten Anträge (Tatbestand);
4. die Entscheidungsgründe;
5. die von der Darstellung des Tatbestandes und der Entscheidungsgründe äußerlich zu sondernde Urteilsformel.

Die Darstellung des Tatbestandes kann durch eine Bezugnahme auf den Inhalt der vorbereitenden Schriftsätze und auf die zum Sitzungsprotokoll erfolgten Feststellungen ersetzt werden, soweit sich aus ihnen der Sach- und Streitstand richtig und vollständig ergibt. In jedem Falle sind jedoch die erhobenen Ansprüche genügend zu kennzeichnen und die dazu vorgebrachten Angriffs- und Verteidigungsmittel ihrem Wesen nach hervorzuheben[1]).

Wird durch Versäumnisurteil oder Anerkenntnisurteil nach dem Antrag des Klägers erkannt, so kann das Urteil in abgekürzter Form auf die bei den Akten befindliche Urschrift oder Abschrift der Klage oder auf ein damit zu verbindendes Blatt gesetzt werden. In diesem Falle ist das Urteil als Versäumnisurteil oder Anerkenntnisurteil zu bezeichnen. Des Tatbestandes, der Entscheidungsgründe und der Bezeichnung der mitwirkenden Richter bedarf es nicht. Der Bezeichnung der Parteien, ihrer gesetzlichen Vertreter und der Prozeßbevollmächtigten bedarf es nur insoweit, als von den Angaben der Klageschrift abgewichen wird. In der Urteilsformel kann auf die Klageschrift Bezug genommen werden. Wird das Urteil auf ein Blatt gesetzt, das mit der Klageschrift verbunden wird, so soll die Verbindungsstelle mit dem Gerichtssiegel versehen oder die Verbindung mit Schnur und Siegel bewirkt werden.

[1]) Abs. 2 ist neugefaßt und an die Stelle des nunmehr aufgehobenen § 24 der VO. vom 9. September 1915 (RGBl. S. 562) getreten. Vgl. Art. II Ziff. 33 und Art. III Ziff. 5 der VO. vom 13. Februar 1924.

§ 315. Das Urteil ist von den Richtern, welche bei der Entscheidung mitgewirkt haben, zu unterschreiben. Ist ein Richter verhindert, seine Unterschrift beizufügen, so wird dies unter Angabe des Verhinderungsgrundes von dem Vorsitzenden und bei dessen Verhinderung von dem ältesten beisitzenden Richter unter dem Urteil bemerkt.

Ein Urteil, welches bei der Verkündung noch nicht in vollständiger Form abgefaßt war, ist vor Ablauf einer Woche, vom Tage der Verkündung an gerechnet, in vollständiger Abfassung dem Gerichtsschreiber zu übergeben. Kann dies ausnahmsweise nicht geschehen, so ist innerhalb der Woche das von den Richtern unterschriebene Urteil unter Weglassung des Tatbestandes und der Entscheidungsgründe dem Gerichtsschreiber zu übergeben. In diesem Falle sind Tatbestand und Entscheidungsgründe alsbald nachträglich anzufertigen, von den Richtern besonders zu unterschreiben und dem Gerichtsschreiber zu übergeben[1]).

Der Gerichtsschreiber hat auf dem Urteil den Tag der Verkündung zu bemerken und diese Bemerkung zu unterschreiben.

[1]) Zusatz zu Abs. 2 ist durch Art. I Ziff. 34 VO. vom 13. Februar 1924 erfolgt. Aus einem derartig noch unvollständigen Urteil können zunächst wie aus einem den vollen Erfordernissen genügenden Urteil Rechte mit rechtlicher Wirkung wahrgenommen werden, z. B. Vollstreckungen. Vgl. dazu § 317 Abs. 2 ZPO. Voraussetzung der vollen Gültigkeit der Wahrnehmung bleibt aber immer die Nachholung des Tatbestandes und der Entscheidungsgründe nebst besonderer Unterschreibung durch die das Urteil gesprochen habenden Richter. Hierfür ist besonderer Eingangsvermerk durch den Gerichtsschreiber erforderlich. Siehe dazu auch § 320 Abs. 2 ZPO., wonach die Frist zur Berichtigung erst nach Zustellung des in vollständiger Form abgefaßten Urteils zu laufen beginnt.

§ 316[1]).

[1]) Der Paragraph ist fortgefallen durch Art. II Ziff. 35 VO. vom 13. Februar 1924. Die Anfertigung eines Urteilsverzeich-

nisses war bereits durch den jetzt auch fortgefallenen § 25 VO. vom 9. September 1915 beseitigt (Art. III Ziff. 5 VO. vom 13. Februar 1924 (siehe auch § 320).

§ 317. Die Zustellung der Urteile erfolgt auf Betreiben der Parteien.

Solange das Urteil nicht verkündet und nicht unterschrieben ist, dürfen Ausfertigungen, Auszüge und Abschriften desselben nicht erteilt werden. Die Ausfertigung der Urteile erfolgt, sofern nicht von der Partei ein anderes beantragt wird, unter Weglassung des Tatbestandes und der Entscheidungsgründe. Die Zustellung einer solchen Ausfertigung steht, soweit nicht ein anderes bestimmt ist, in den Wirkungen der Zustellung eines vollständigen Urteils gleich [1]).

Die Ausfertigungen und Auszüge der Urteile sind von dem Gerichtsschreiber zu unterschreiben und mit dem Gerichtssiegel zu versehen.

Ist das Urteil nach § 313 Abs. 3 in abgekürzter Form hergestellt, so erfolgt die Ausfertigung in gleicher Weise unter Benutzung einer beglaubigten Abschrift der Klageschrift oder in der Weise, daß das Urteil durch Aufnahme der im § 313 Abs. 1 Nr. 1, 2, 5 bezeichneten Angaben vervollständigt wird. Die Abschrift der Klageschrift kann durch den Gerichtsschreiber oder durch den Rechtsanwalt des Klägers beglaubigt werden.

[1]) Zusatz zu Abs. 2 ist erfolgt durch Art. II Ziff. 36 VO. vom 13. Februar 1924 an Stelle des jetzt durch die gleiche VO. Art. III Ziff. 5 aufgehobenen § 26 der VO. vom 9. September 1915, welcher den bisher nur für das amtsgerichtliche

Verfahren, jetzt aber gleichfalls aufgehobenen § 496 Abs. 6 ZPO. allgemein auf das landgerichtliche Verfahren ausdehnte. (Vgl. VO. vom 13. Februar 1924 Art. I Ziff. 57.)

§ 320. Enthält der Tatbestand des Urteils Unrichtigkeiten, welche nicht unter die Bestimmung des vorstehenden Paragraphen fallen, Auslassungen, Dunkelheiten oder Widersprüche, so kann die Berichtigung binnen einer einwöchigen Frist durch Zustellung eines Schriftsatzes beantragt werden.

Die Frist beginnt mit der Zustellung des in vollständiger Form abgefaßten Urteils. Der Antrag kann schon vor dem Beginne der Frist gestellt werden. Die Berichtigung des Tatbestandes ist ausgeschlossen, wenn sie nicht binnen drei Monaten seit der Verkündung des Urteils beantragt wird [1]).

Der Schriftsatz muß den Antrag auf Berichtigung und die Ladung des Gegners zur mündlichen Verhandlung enthalten.

Das Gericht entscheidet ohne vorgängige Beweisaufnahme. Bei der Entscheidung wirken nur diejenigen Richter mit, welche bei dem Urteil mitgewirkt haben. Ist ein Richter verhindert, so gibt bei Stimmengleichheit die Stimme des Vorsitzenden und bei dessen Verhinderung die Stimme des ältesten Richters den Ausschlag. Eine Anfechtung des Beschlusses findet nicht statt. Der Beschluß, welcher eine Berichtigung ausspricht, wird auf dem Urteil und den Ausfertigungen bemerkt.

Die Berichtigung des Tatbestandes hat eine Änderung des übrigen Teils des Urteils nicht zur Folge.

[1]) Abs. 2 ist eine Neufassung des nunmehr beseitigten § 25

VO. vom 9. September 1915 (RGBl. S. 562), durch den bereits das Urteilsverzeichnis des § 316 ZPO. fortgefallen war. Vgl. VO. vom 13. Februar 1924 Art. II Ziff. 35 und 37 und Art. III Ziff. 5. § 316 ZPO. ist dadurch jetzt auch fortgefallen.

§ 323[1]). Tritt im Falle der Verurteilung zu künftig fällig werdenden wiederkehrenden Leistungen eine wesentliche Änderung derjenigen Verhältnisse ein, welche für die Verurteilung zur Entrichtung der Leistungen, für die Bestimmung der Höhe der Leistungen oder der Dauer ihrer Entrichtung maßgebend waren, so ist jeder Teil berechtigt, im Wege der Klage eine entsprechende Abänderung des Urteils zu verlangen.

Die Klage ist nur insoweit zulässig, als die Gründe, auf welche sie gestützt wird, erst nach dem Schlusse der mündlichen Verhandlung, in der eine Erweiterung des Klagantrags oder die Geltendmachung von Einwendungen spätestens hätte erfolgen müssen, entstanden sind und durch Einspruch nicht mehr geltend gemacht werden können.

Die Abänderung des Urteils darf nur für die Zeit nach Erhebung der Klage erfolgen.

Die vorstehenden Bestimmungen finden entsprechende Anwendung auf die Schuldtitel des § 794 Nr. 1 und 5, soweit darin Leistungen der im Abs. 1 bezeichneten Art übernommen worden sind.

Dritter Titel. **Versäumnisurteil.**

§ 331a[1]). Beim Ausbleiben einer Partei im Termin zur mündlichen Verhandlung kann der Gegner statt eines Versäumnisurteils eine Entscheidung nach Lage der Akten beantragen; dem Antrag ist zu entsprechen, wenn der Sachverhalt für eine derartige Entscheidung hinreichend geklärt erscheint. Die Vorschriften des § 251a Abs. 1 Satz 2—4 finden entsprechende Anwendung.

[1]) Neu eingestellt durch Art. II Ziff. 39 VO. vom 13. Februar 1924. Vgl. hierzu Anm. zu § 251a.

§ 335. Der Antrag auf Erlassung eines Versäumnisurteils oder einer Entscheidung nach Lage der Akten ist zurückzuweisen[1]):

1. wenn die erschienene Partei die vom Gerichte wegen eines von Amts wegen zu berücksichtigenden Umstandes erforderte Nachweisung nicht zu beschaffen vermag;
2. wenn die nicht erschienene Partei nicht ordnungsmäßig, insbesondere nicht rechtzeitig geladen war;
3. wenn der nicht erschienenen Partei ein tatsächliches mündliches Vorbringen oder ein Antrag nicht rechtzeitig mittels Schriftsatzes mitgeteilt war.

Wird die Verhandlung vertagt, so ist die nicht erschienene Partei zu dem neuen Termin zu laden.

[1]) Neufassung durch Art. II Ziff. 40 VO. vom 13. Februar 1924. Ein einseitiges Vertagungsrecht hat die erschienene Partei in diesem Falle nicht.

§ 336. Gegen den Beschluß, durch welchen der Antrag auf Erlassung des Versäumnisurteils zurückgewiesen wird, findet sofortige Beschwerde statt. Wird der Beschluß aufgehoben, so ist die nicht erschienene Partei zu dem neuen Termin nicht zu laden.

Die Ablehnung eines Antrags auf Entscheidung nach Lage der Akten ist unanfechtbar[1]).

[1]) Abs. 2 ist neu eingeführt durch Art. II Ziff. 41 VO. vom 13. Februar 1924.

§ 337[1]). Das Gericht kann von Amts wegen die Verhandlung über den Antrag auf Erlassung des Versäumnisurteils oder einer Entscheidung nach Lage der Akten vertagen, wenn es dafür hält, daß die von dem Vorsitzenden bestimmte Einlassungs- oder Ladungsfrist zu kurz bemessen, oder daß die Partei durch Naturereignisse oder durch andere unabwendbare Zufälle am Erscheinen verhindert worden sei. Die nicht erschienene Partei ist zu dem neuen Termin zu laden.

[1]) Neu gefaßt durch Art. II Ziff. 42 VO. vom 13. Februar 1924.

Vierter Titel. **Verfahren vor dem Einzelrichter**[1]).

[1]) Siehe Vorbemerkung.

§ 348. Zur Vorbereitung der Entscheidung des Prozeßgerichts ist jede Sache zunächst vor dem Einzelrichter zu verhandeln, der auch den Termin hierzu bestimmt. Es kann jedoch nach Bestimmung des Vorsitzenden hiervon abgesehen werden, wenn eine Vorbereitung nach den Umständen nicht erforderlich erscheint.

§ 349. Der Einzelrichter hat zunächst die gütliche Beilegung des Rechtsstreits zu versuchen. Kommt ein Vergleich nicht zustande, so hat der

Einzelrichter für eine erschöpfende Erörterung des gesamten Sach- und Streitverhältnisses zu sorgen. Er hat zu entscheiden:

1. über Verweisungen in den Fällen der §§ 97, 98 des Gerichtsverfassungsgesetzes;
2. über prozeßhindernde Einreden der im § 274 Abs. 2 Nr. 1, 4—7 bezeichneten Art, soweit über sie besonders verhandelt und entschieden wird;
3. bei Zurücknahme der Klage, Verzicht auf den geltend gemachten Anspruch oder Anerkenntnis des Anspruchs;
4. bei Versäumnis einer Partei. In diesem Falle kann der Einzelrichter auch eine Entscheidung nach Lage der Akten gemäß § 331a erlassen;
5. in den Fällen des § 251a, soweit der Einzelrichter hier die Entscheidung nach Lage der Akten für angezeigt hält.

Im übrigen hat der Einzelrichter die Sache so weit zu fördern, daß sie tunlichst durch eine Verhandlung vor dem Prozeßgericht erledigt werden kann. Ist eine Beweisaufnahme erforderlich, so kann der Einzelrichter nach seinem Ermessen entweder selbst die Beweise anordnen und erheben oder dies dem Prozeßgerichte vorbehalten. Ist die Sache zur Verhandlung vor dem Prozeßgerichte reif, so wird der Termin hierzu von Amts wegen anberaumt.

Im Einverständnisse beider Parteien kann der Einzelrichter bei Streitigkeiten über vermögensrechtliche Ansprüche an Stelle des Prozeßgerichts entscheiden.

§ 350. Einzelrichter im Sinne der §§ 348, 349 ist in Sachen der Zivilkammern der Vorsitzende oder ein von ihm zu bestimmendes Mitglied der Kammer, in Sachen der Kammern für Handelssachen der Vorsitzende.

Für die Anfechtung von Entscheidungen des Einzelrichters gelten dieselben Vorschriften wie für die Anfechtung entsprechender Entscheidungen des Prozeßgerichts.

Fünfter Titel.

Allgemeine Bestimmungen über die Beweisaufnahme.

§ 356. Steht der Aufnahme des Beweises ein Hindernis von ungewisser Dauer entgegen, so ist eine Frist zu bestimmen, nach deren fruchtlosem Ablaufe das Beweismittel nur benutzt werden kann, wenn dadurch das Verfahren nicht verzögert wird. Die Bestimmung der Frist kann ohne mündliche Verhandlung erfolgen[1]).

[1]) Abgeändert durch Art. II Ziff. 44 VO. vom 13. Februar 1924. Zur Bestimmung der Frist ist ein Antrag nicht mehr erforderlich).

§ 357 a. Beschließt das Gericht eine Beweiserhebung, so soll die Aufnahme des Beweises, soweit dies tunlich ist, sofort erfolgen, insbesondere sollen Zeugen und Sachverständige, falls sie zur Stelle sind oder ihre unverzügliche Gestellung möglich ist, sofort vernommen werden. Ein Eid soll im Regelfalle nur dann sofort abgenommen werden, wenn seine Zuschiebung und seine Annahme schon in vorbereitenden Schriftsätzen erklärt waren [1]).

[1]) Der bisher nur für den Amtsgerichtsprozeß geltende § 509 ist fortgefallen und als § 357 a auch für den Landgerichtsprozeß gültig durch VO. vom 13. Februar 1924 Art. II Ziff. 45 eingeführt worden. Der Zusatz betreff. die sofortige Abnahme eines zugeschobenen Eides ist neu und gültig auch für das Verfahren vor den GG. und KG., wird aber praktisch hier kaum zur Anwendung kommen.

§ 360 [1]). Vor der Erledigung des Beweisbeschlusses kann keine Partei dessen Änderung auf Grund der früheren Verhandlungen verlangen. Das Gericht kann jedoch auf Antrag einer Partei oder von Amts wegen den Beweisbeschluß auch ohne erneute mündliche Verhandlung insoweit ändern, als der Gegner zustimmt oder es sich nur um die Berichtigung oder Ergänzung der im Beschluß angegebenen Beweistatsachen oder um die Vernehmung anderer als der im Beschluß angegebenen Zeugen oder Sachverständigen handelt. Die gleiche Befugnis hat der beauftragte oder ersuchte Richter. Die Parteien sind tunlichst vorher zu hören und in jedem Falle von der Änderung unverzüglich zu benachrichtigen.

[1]) Neufassung und Zusatz ist durch VO. vom 13. Februar 1924 Art. II Ziff. 46 erfolgt. Danach kann jetzt ein noch nicht erledigter Beweisbeschluß unter Umständen auch ohne erneute mündliche Verhandlung geändert werden.

Siebenter Titel. **Zeugenbeweis.**

§ 374 ist fortgefallen durch VO. vom 13. Februar 1924 Art. II Ziff. 47.

§ 375. Die Aufnahme des Zeugenbeweises kann einem Mitglied des Prozeßgerichts oder einem anderen Gericht übertragen werden:

1. wenn zur Ausmittlung der Wahrheit die Vernehmung des Zeugen an Ort und Stelle dienlich erscheint;
2. wenn die Beweisaufnahme vor dem Prozeßgericht erheblichen Schwierigkeiten unterliegen würde;
3. wenn der Zeuge verhindert ist, vor dem Prozeßgerichte zu erscheinen;
4. wenn der Zeuge in großer Entfernung von dem Sitze des Prozeßgerichts sich aufhält.

Der Reichspräsident und der Präsident eines deutschen Landes sind durch ein Mitglied des Prozeßgerichts oder durch ein anderes Gericht in ihrer Wohnung zu vernehmen[1]).

[1]) Abs. 2 ist neugefaßt in der Bekanntmachung des Textes der ZPO. vom 13. Mai 1924 (RGBl. I S. 477); s. auch Vorbemerkung.

§ 376[1]). Öffentliche Beamte, auch wenn sie nicht mehr im Dienste sind, dürfen über Umstände, auf welche sich ihre Pflicht zur Amtsverschwiegenheit bezieht, als Zeugen nur mit Genehmigung ihrer vorgesetzten Dienstbehörde oder der ihnen zuletzt vorgesetzt gewesenen Dienstbehörde vernommen werden. Für die Mitglieder der Reichsregierung bedarf es der Genehmigung der Reichsregierung, für die Mitglieder einer Landesregierung der Genehmigung der Landesregierung.

Die Genehmigung darf nur versagt werden,

wenn die Ablegung des Zeugnisses dem Wohle des Reichs oder eines deutschen Landes Nachteil bereiten würde.

Die Genehmigung ist durch das Prozeßgericht einzuholen und dem Zeugen bekanntzumachen.

Der Reichspräsident und der Präsident eines deutschen Landes können unter der Voraussetzung des Abs. 2 das Zeugnis verweigern. Dies gilt auch für einen früheren Präsidenten, soweit es sich um Tatsachen handelt, die sich während seiner Amtsführung ereignet haben oder die ihm infolge seiner Amtsführung bekannt geworden sind.

[1]) Abs. 1 Satz 2 ist neugefaßt und Abs. 4 hinzugefügt in der Bekanntmachung des Textes der ZPO. vom 13. Mai 1924 (RGBl. I S. 477); s. auch Vorbemerkung.

§ 377. Die Ladung der Zeugen ist von dem Gerichtsschreiber unter Bezugnahme auf den Beweisbeschluß auszufertigen und von Amts wegen zuzustellen. Das Gericht kann statt der Zustellung eine andere Form der Benachrichtigung anordnen.

Die Ladung muß enthalten:

1. die Bezeichnung der Parteien;
2. den Gegenstand der Vernehmung;
3. die Anweisung, zur Ablegung des Zeugnisses bei Vermeidung der durch das Gesetz angedrohten Strafen in dem nach Zeit und Ort zu bezeichnenden Termin zu erscheinen.

Bildet den Gegenstand der Vernehmung eine Auskunft, die der Zeuge voraussichtlich an der Hand seiner Bücher oder anderer Aufzeichnungen zu geben hat, so kann das Gericht anordnen, daß der Zeuge zum Termin nicht zu erscheinen braucht, wenn er vorher eine schriftliche Beantwortung der Beweisfrage unter eidesstattlicher Versicherung ihrer Richtigkeit einreicht.

Das gleiche kann auch in anderen Fällen geschehen, sofern das Gericht nach Lage der Sache, insbesondere mit Rücksicht auf den Inhalt der Beweisfrage, eine schriftliche Erklärung des Zeugen für ausreichend erachtet und die Parteien damit einverstanden sind [1]).

[1]) Abs. 1 hat den Zusatz über die Vereinfachung der Form der Benachrichtigung erhalten. Abs. 3 und 4 sind neu hinzugefügt durch VO. vom 13. Februar 1924 Art. II Ziff. 48.

§ 378 [1]). Die Ladung eines Soldaten als Zeugen erfolgt durch Ersuchen der Militärbehörde.

[1]) Die Fassung ist abgeändert in der Bekanntmachung des Textes der ZPO. vom 13. Mai 1924 (RGBl. I S. 478).

§ 380 [1]). Ein ordnungsmäßig geladener Zeuge, welcher nicht erscheint, ist, ohne daß es eines Antrags bedarf, in die durch das Ausbleiben verursachten Kosten sowie zu einer Ordnungsstrafe in Geld und für den Fall, daß diese nicht beigetrieben werden kann, zur Strafe der Haft bis zu sechs Wochen zu verurteilen.

Im Falle wiederholten Ausbleibens ist die Strafe noch einmal zu erkennen, auch kann die zwangsweise Vorführung des Zeugen angeordnet werden. Angehörige der Reichswehr werden durch die Militärbehörde vorgeführt.

Gegen diese Beschlüsse findet die Beschwerde statt.

[1]) Das Wort „Geldstrafe“ ist in „Ordnungsstrafe in Geld“ umgewandelt in der Bekanntmachung des Textes der ZPO. vom 13. Mai 1924 (RGBl. I S. 478). Durch die gleiche VO. ist Satz 2 des Abs. 2 zugefügt worden.

Die Bestrafung der Zeugen erfolgt jetzt nach Art. II und III des Reichsgeldstrafengesetzes vom 27. April 1923 (RGBl. I S. 254) in der Fassung des Gesetzes über Vermögensstrafen und Bußen vom 13. Oktober 1923 (RGBl. I S. 943) der VO. vom 23. November 1923 (RGBl. I S. 1117) sowie der VO. vom 6. Februar 1924 (RGBl. I S. 44). Nach Art. II der letztgenannten VO. ist die Ordnungsstrafe in Gold festzusetzen.

Art. II lautet: Geldstrafen, die nicht bei Verbrechen, Vergehen oder Übertretungen angedroht sind oder werden, insbesondere Zwangsstrafen und Ordnungsstrafen, sind in Goldmark festzusetzen.

Die Geldstrafe beträgt, soweit nicht höhere Beträge oder Geldstrafe in unbeschränkter Höhe angedroht sind oder werden, mindestens eine Goldmark und höchstens eintausend Goldmark.

Die Vorschrift des Abs. 2 über Höchstbeträge gilt nicht, soweit die angedrohte Strafe in dem Mehrfachen, dem Einfachen oder dem Bruchteil eines bestimmten Betrags besteht. Ist dieser nicht auf Goldmark gestellt, so ist er für die Festsetzung der Geldstrafe in Goldmark umzurechnen.

Soweit an die Stelle einer uneinbringlichen Geldstrafe eine Ersatzfreiheitsstrafe zu treten hat, darf die Geldstrafe nur in Haft von höchstens sechs Wochen umgewandelt werden; ist neben der Geldstrafe wahlweise Freiheitsstrafe von weniger als sechs Wochen angedroht, so darf die Ersatzstrafe deren Höchstmaß nicht übersteigen. Die Ersatzstrafe darf nur nach vollen Tagen bemessen werden. Im übrigen richtet sich ihr Maß nach freiem Ermessen der Behörde, die sie festsetzt.

§ 382[1]). Die Mitglieder der Reichsregierung oder einer Landesregierung sind an ihrem Amtssitz oder, wenn sie sich außerhalb ihres Amtssitzes aufhalten, an ihrem Aufenthaltsorte zu vernehmen.

Die Mitglieder des Reichsrats oder des Staatsrats eines deutschen Landes sind während ihres Aufenthalts am Sitze des Reichsrats oder des Staatsrats an diesem Sitze, und die Mitglieder des Reichstags, des Reichswirtschaftsrats oder eines Landtags während der Tagung und ihres Aufenthalts am Orte der Versammlung an diesem Orte zu vernehmen.

Zu einer Abweichung von den vorstehenden Bestimmungen bedarf es:

für die Mitglieder der Reichsregierung der Genehmigung der Reichsregierung,

für die Mitglieder einer Landesregierung der Genehmigung der Landesregierung,

für die Mitglieder des Reichstags, des Reichsrats, des Reichswirtschaftsrats, eines Landtags oder eines Staatsrats der Genehmigung dieser Versammlungen.

[1]) Abgeändert in der Bekanntmachung des Textes der ZPO. vom 13. Mai 1924 (RGBl. I S. 478).

§ 390. Wird das Zeugnis oder die Eidesleistung ohne Angabe eines Grundes oder, nachdem der vorgeschützte Grund rechtskräftig für unerheblich erklärt ist, verweigert, so ist der Zeuge, ohne daß es eines Antrags bedarf, in die durch die Weigerung verursachten Kosten sowie zu einer Ordnungsstrafe in Geld und für den Fall, daß diese nicht beigetrieben werden kann, zur Strafe der Haft bis zu sechs Wochen zu verurteilen.

Im Falle wiederholter Weigerung ist auf Antrag zur Erzwingung des Zeugnisses die Haft anzuordnen, jedoch nicht über den Zeitpunkt der Beendigung des Prozesses in der Instanz hinaus. Die Vorschriften über die Haft im Zwangsvollstreckungsverfahren finden entsprechende Anwendung[1]).

Gegen diese Beschlüsse findet die Beschwerde statt.

[1]) Bestrafung erfolgt jetzt nach den in der Anm. zu § 380 angegebenen Bestimmungen. Das Wort „Geldstrafe" im Text des Paragraphen ist in „Ordnungsstrafe in Geld" umgewandelt in der Bekanntmachung des Textes der ZPO. vom 13. Mai 1924 (RGBl. I S. 479).

§ 401. Jeder Zeuge hat nach Maßgabe der Gebührenordnung auf Entschädigung für Zeitversäumnis und, wenn sein Erscheinen eine Reise erforderlich macht, auf Erstattung der Kosten Anspruch, welche durch die Reise und den Aufenthalt am Orte der Vernehmung verursacht werden.

Bei schriftlicher Beantwortung der Beweisfrage (§ 377 Abs. 3, 4) hat der Zeuge Anspruch auf Erstattung der ihm durch die Beantwortung entstandenen Auslagen[1]).

[1]) Der Zusatz ist mit Rücksicht auf die neue Bestimmung des § 377 Abs. 3 und 4 durch VO. vom 13. Februar 1924 Art. II Ziff. 49 erfolgt.

Hinsichtlich der Zeugen- und Sachverständigengebühren sind folgende Bestimmungen ergangen: Gebührenordnung für Zeugen und Sachverständige vom 13. März 1922 (RGBl. S. 242), vom 24. Oktober 1922 (RGBl. I S. 806), vom 15. Februar 1923 (RGBl. I S. 131), vom 8. Mai 1923 (RGBl. I S. 289), vom 12. Juli 1923 (RGBl. I S. 632), vom 18. August 1923 (RGBl. I S. 811), vom 21. Dezember 1923 (RGBl. I S. 1239).

Achter Titel. **Beweis durch Sachverständige.**

§ 409[1]. Im Falle des Nichterscheinens oder der Weigerung eines zur Erstattung des Gutachtens verpflichteten Sachverständigen wird dieser zum Ersatze der Kosten und zu einer Ordnungsstrafe in Geld verurteilt. Im Falle wiederholten Ungehorsams kann die Strafe noch einmal erkannt werden.

Gegen den Beschluß findet Beschwerde statt.

[1]) Das Wort „Geldstrafe" ist in „Ordnungsstrafe in Geld" umgewandelt in der Bekanntmachung des Textes der ZPO. vom 13. Mai 1924 (RGBl. S. 482).

Wegen Festsetzung von Geldstrafen gegen Sachverständige gelten dieselben Bestimmungen wie bzgl. der Bestrafung von Zeugen; s. dazu Anm. zu § 380.

§ 410[1]. Die Beeidigung des Sachverständigen erfolgt vor oder nach Erstattung des Gutachtens. Die Eidesnorm geht dahin, daß der Sachverständige das von ihm erforderte Gutachten unparteiisch und nach bestem Wissen und Gewissen erstatten werde oder erstattet habe.

Ist der Sachverständige für die Erstattung von Gutachten der betreffenden Art im allgemeinen beeidigt, so genügt die Berufung auf den geleisteten Eid; sie kann auch in einem schriftlichen Gutachten erklärt werden.

[1]) Zusatz zu Abs. 2 ist erfolgt durch Art. II Ziff. 50 VO. vom 13. Februar 1924.

§ 411. Wird schriftliche Begutachtung angeordnet, so hat der Sachverständige das von ihm unterschriebene Gutachten auf der Gerichtsschreiberei niederzulegen. Das Gericht kann ihm hierzu eine Frist bestimmen.

Versäumt ein zur Erstattung des Gutachtens verpflichteter Sachverständiger die Frist, so kann er zu einer Ordnungsstrafe in Geld verurteilt werden. Der Straffestsetzung muß eine Strafandrohung unter Setzung einer Nachfrist vorausgehen. Im Falle wiederholter Fristversäumnis kann die Strafe in der gleichen Weise noch einmal erkannt werden. § 409 Abs. 2 findet entsprechende Anwendung [1]).

Das Gericht kann das Erscheinen des Sachverständigen anordnen, damit derselbe das schriftliche Gutachten erläutere.

[1]) Satz 2 des Abs. 1 und Abs. 2 sind neu hinzugefügt durch Art. II Ziff. 51 VO. vom 13. Februar 1924.

§ 413 [1]). Der Sachverständige hat nach Maßgabe der Gebührenordnung auf Entschädigung für Zeitversäumnis, auf Erstattung der ihm verursachten Kosten und außerdem auf angemessene Vergütung seiner Mühewaltung Anspruch.

[1]) Wegen Entschädigung der Sachverständigen siehe Anm. zu § 401.

Neunter Titel. **Beweis durch Urkunden.**

§ 433 fällt fort [1]).

[1]) Ziff. 52 VO. vom 13. Februar 1924 (RGBl. I S. 135).

Zehnter Titel. **Beweis durch Eid.**

§ 461. Sind die Parteien über die Erheblichkeit und die Norm des Eides einverstanden oder dient der Eid zur Erledigung eines Zwischenstreits oder hängt die Entscheidung über einzelne selbständige Angriffs- und Verteidigungsmittel von der Leistung eines Eides ab, so kann die Leistung des Eides durch Beweisbeschluß angeordnet werden.

Das gleiche gilt, wenn die Voraussetzungen für die Anfechtung eines nach § 460 zu erlassenden Endurteils unzweifelhaft nicht gegeben sind[1]).

[1]) Änderung und Neufassung durch Art. II Ziff. 53 VO. vom 13. Februar 1924. Hiernach ist die Auferlegung jedes Eides durch Beweisbeschluß jetzt immer zulässig, wenn ein gemäß § 460 erlassenes bedingtes Endurteil mit Rechtsmitteln nicht anfechtbar sein würde. § 45 EGG. ließ dies bisher nur für die Abnahme eines zugeschobenen oder zurückgeschobenen Eides zu.

Elfter Titel. **Verfahren bei der Abnahme von Eiden.**

§ 479[1]). Das Prozeßgericht kann anordnen, daß die Eidesleistung vor einem seiner Mitglieder oder vor einem anderen Gericht erfolge, wenn der Schwurpflichtige am Erscheinen vor dem Prozeßgerichte verhindert ist oder in großer Entfernung von dem Sitze desselben sich aufhält.

Der Reichspräsident und der Präsident eines deutschen Landes leisten den Eid in ihrer Wohnung vor einem Mitglied des Prozeßgerichts oder vor einem anderen Gerichte.

[1]) Abs. 2 ist abgeändert in der Bekanntmachung des Textes der ZPO. vom 13. Mai 1924 (RGBl. I S. 488).

§ 481. Der Eid wird in der Weise geleistet, daß der Richter die Eidesnorm mit der Eingangsformel:

„Sie schwören bei Gott dem Allmächtigen und Allwissenden“

vorspricht und der Schwurpflichtige darauf die Worte spricht (Eidesformel):

„Ich schwöre es, so wahr mir Gott helfe [1])!“

Der Schwörende soll bei der Eidesleistung die rechte Hand erheben.

Sollen mehrere Personen gleichzeitig einen Eid leisten, so wird die Eidesformel von jedem Schwurpflichtigen einzeln gesprochen.

[1]) Die bisherige Form des Eides ist allgemein beibehalten. Die Reichsverfassung vom 11. August 1919 (RGBl. 1383) bestimmt hierzu im Art. 177: Wo in den bestehenden Gesetzen die Eidesleistung unter Benutzung einer religiösen Eidesform vorgesehen ist, kann die Eidesleistung rechtswirksam auch in der Weise erfolgen, daß der Schwörende unter Weglassung der religiösen Eidesform erklärt: „Ich schwöre.“ Im übrigen bleibt der in den Gesetzen vorgesehene Inhalt des Eides unberührt.

§ 482 ist fortgefallen in der Bekanntmachung des Textes der ZPO. vom 13. Mai 1924 (RGBl. S. 488).

Zwölfter Titel.
Sicherung des Beweises.

§ 485 [1]). Auf Gesuch einer Partei kann die Einnahme des Augenscheins und die Vernehmung von Zeugen und Sachverständigen zur Sicherung des Beweises angeordnet werden. Der Antrag ist nur zulässig, wenn der Gegner zustimmt oder zu besorgen ist, daß das Beweismittel verloren oder die Benutzung desselben erschwert werde, oder wenn der gegenwärtige Zustand einer Sache festgestellt werden soll und der Antragsteller ein rechtliches Interesse an dieser Feststellung hat.

[1]) Abgeändert und erweitert durch Art. II Ziff. 54 VO. vom 13. Februar 1924.

Die §§ 488 und 489 sind dadurch fortgefallen.

§§ 488 und **489** sind fortgefallen; s. Anm. zu § 485.

Zweiter Abschnitt.

Verfahren vor den Amtsgerichten[1]).

[1]) Siehe Vorbemerkung.

§ 495a. Der Erhebung der Klage muß ein Güteverfahren vorangehen. Dies gilt nicht:

1. wenn wegen des Anspruchs innerhalb des letzten Jahres vor einer durch die Landesjustizverwaltung eingerichteten oder anerkannten Gütestelle ein Ausgleich unter den Parteien erfolglos versucht worden ist;
2. wenn wegen des Anspruchs bereits ein Güteantrag wegen Aussichtslosigkeit des Anspruchs zurückgewiesen ist;
3. in Urkunden- und Wechselprozessen;
4. für Widerklagen;
5. wenn die Zustellung an den Gegner im Ausland oder durch öffentliche Bekanntmachung erfolgen muß;
6. wenn nach dem Ermessen des Gerichts die alsbaldige Klageerhebung durch einen sonstigen wichtigen Grund gerechtfertigt wird, insbesondere wenn mit Rücksicht auf die Art des Anspruchs, die Verhältnisse der Beteiligten oder

besondere Umstände der Versuch einer gütlichen Beilegung aussichtslos erscheint.

Ist nach der erfolglosen Beendigung eines Güteverfahrens ein Jahr verstrichen, so bedarf es zur Erhebung der Klage eines erneuten Güteverfahrens.

§ 496. Die Zustellungen erfolgen unbeschadet der Vorschrift des § 317 Abs. 1 von Amts wegen. Im Güteverfahren kann die Zustellung durch Übersendung mittels eingeschriebenen Briefes ersetzt werden; auch eine sonstige Form der Bekanntmachung genügt, sofern sie durch ein mit Datum und eigenhändiger Unterschrift des Empfängers versehenes Empfangsbekenntnis nachgewiesen wird.

Die Klage sowie sonstige Anträge und Erklärungen einer Partei, die zugestellt werden sollen, sind bei dem Gerichte schriftlich einzureichen oder mündlich zum Protokoll des Gerichtsschreibers anzubringen. Die Partei soll den Schriftsätzen, welche sie bei dem Gericht einreicht, die für die Zustellung erforderliche Zahl von Abschriften beifügen.

Soll durch die Zustellung eine Frist gewahrt oder die Verjährung unterbrochen werden, so tritt die Wirkung, sofern die Zustellung demnächst erfolgt, bereits mit der Einreichung oder Anbringung des Antrags oder der Erklärung ein. In Ansehung der Wahrung einer Frist oder der Unterbrechung der Verjährung hat der Güteantrag dieselbe Wirkung wie eine Klageerhebung. Ein zurückgenommener Güteantrag gilt als nicht gestellt.

Auf Bestimmung des Gerichts kann die Mitteilung von Anträgen und Erklärungen ohne besondere Form erfolgen.

§ 498. Dem Beklagten ist mit der Ladung die Klageschrift oder das die Klage enthaltende Protokoll zuzustellen. Im Güteverfahren ist dem Antragsgegner der Güteantrag unter Hinweis auf die Versäumnisfolgen zuzustellen oder gemäß § 496 Abs. 1 Satz 2 mitzuteilen.

Mit der Zustellung der Klageschrift ist die Aufforderung an den Beklagten zu verbinden, etwaige gegen die Behauptungen des Klägers vorzubringende Einwendungen und Beweismittel unter genauer Bezeichnung der zu beweisenden Tatsachen unverzüglich dem Gerichte mitzuteilen. § 253 Abs. 3 Nr. 1 findet keine Anwendung.

Die Klage gilt unbeschadet der Bestimmung im § 496 Abs. 3 erst mit der Zustellung an den Beklagten als erhoben.

§ 499. Die Frist zur Einlassung auf einen Güteantrag oder auf eine Klage beträgt mindestens drei Tage, wenn die Zustellung an einem Orte erfolgt, der Sitz des Prozeßgerichts ist oder im Bezirke des Prozeßgerichts liegt oder von dem ein Teil zu diesem Bezirke gehört; mindestens eine Woche, wenn die Zustellung sonst im Inland erfolgt; in Meß- und Marktsachen mindestens 24 Stunden.

Ist die Zustellung im Ausland vorzunehmen, so hat das Gericht bei Festsetzung des Termins die Einlassungsfrist zu bestimmen.

§ 499a. Der Antragsteller hat in dem Güteantrag anzugeben, welche Ansprüche er gegen seinen Gegner erhebt und auf welche Tatsachen er sie stützt. Gleichzeitig soll er seine Beweismittel bezeichnen und die Gründe, aus denen der Gegner den Anspruch bestreitet, soweit sie ihm bekannt sind, mitteilen. Besitzt der Antragsteller auf die Sache bezügliche Urkunden, so soll er sie in Urschrift oder Abschrift beifügen.

§ 499 b. Erscheint der erhobene Anspruch von vornherein aussichtslos, so kann das Gericht den Antrag durch Beschluß zurückweisen. Die Zurückweisung ist zu begründen und unterliegt keinem Rechtsmittel.

In allen anderen Fällen beraumt das Gericht unverzüglich Termin zur Güteverhandlung an.

Das Gericht kann die zur Vorbereitung der Güteverhandlung ihm dienlich erscheinenden Maßnahmen treffen. Ordnet das Gericht das persönliche Erscheinen der Parteien an, so finden die Vorschriften des § 141 Abs. 2, 3 Anwendung.

§ 499 c. In der Güteverhandlung erörtert das Gericht das gesamte Streitverhältnis in freier Würdigung aller Umstände mit den Parteien und sucht einen gütlichen Ausgleich herbeizuführen. Zur Aufklärung des Sachverhalts kann ein Augenschein eingenommen werden. Andere Beweise können insoweit erhoben werden, als die Beweiserhebung sofort geschehen kann. Inwieweit Zeugen oder Sachverständige eidlich oder uneidlich vernommen werden, bleibt dem Ermessen des Gerichts überlassen. Ein Beweis durch Parteieid findet nicht statt.

§ 499 d. Die örtliche Zuständigkeit des Gerichts bestimmt sich nach den für das Streitverfahren geltenden Vorschriften. Ist das angegangene Amtsgericht örtlich unzuständig und ist die Unzuständigkeit von dem Antragsgegner geltend gemacht, so hat sich das Gericht durch Beschluß für unzuständig zu erklären. Die Vorschriften des § 276 finden entsprechende Anwendung.

§ 499e. Einigen sich die Parteien in der Güteverhandlung nicht, so wird der Rechtsstreit auf den bis zur Beendigung der Verhandlung zu stellenden Antrag einer Partei soweit möglich sofort, sonst in einem alsbald anzuberaumenden neuen Termin streitig verhandelt. Für das Streitverfahren gilt in diesem Falle, auch in Ansehung des Eintritts der Rechtshängigkeit, der Güteantrag als Klageschrift; es sind jedoch Änderungen und Ergänzungen zu berücksichtigen, die der Antragsteller in der Güteverhandlung etwa vorgebracht hat.

Wird bei Erfolglosigkeit des Einigungsversuchs weder der Güteantrag zurückgenommen, noch der Antrag auf Eintritt in das Streitverfahren gestellt, so erteilt das Gericht beiden Parteien eine Bescheinigung darüber, daß das Güteverfahren erfolglos geblieben ist. In der Bescheinigung ist anzugeben, welcher Anspruch den Gegenstand des Verfahrens gebildet hat.

§ 499f. Bleiben im Termin zur Güteverhandlung beide Parteien aus, so erklärt das Gericht durch Beschluß den Güteantrag für zurückgenommen.

Bleibt nur eine Partei aus, so wird auf Antrag der erschienenen Partei sofort in das Streitverfahren eingetreten. Der Güteantrag gilt auch in diesem

Falle nach § 496 Abs. 1 Satz 2, § 499e Abs. 1 Satz 2 als Klageschrift. Auf das weitere Verfahren finden die allgemeinen Vorschriften über das Versäumnisverfahren entsprechende Anwendung.

§ 499g. Über die wesentlichen Ergebnisse der Güteverhandlung ist ein Protokoll aufzunehmen. In diesem sind insbesondere festzustellen:

1. der Abschluß eines Vergleichs;
2. die Erklärung einer Zurücknahme des Güteantrags;
3. Beschlüsse des Gerichts und deren Verkündung;
4. von dem Antragsteller mündlich vorgebrachte Ergänzungen und Änderungen des Güteantrags;
5. die Aussagen von Zeugen und Sachverständigen und das Ergebnis eines Augenscheins;
6. der Eintritt in das Streitverfahren.

Die Aufnahme der unter Nr. 4 und 5 vorgesehenen Erklärungen und Ergebnisse kann unterbleiben, wenn die Verhandlung noch in demselben Termin zu einer endgültigen Erledigung der Sache führt.

§ 500[1]). An ordentlichen Gerichtstagen können die Parteien ohne vorherigen Antrag und ohne Terminsbestimmung zur Güteverhandlung vor Gericht erscheinen. In diesem Falle ist, wenn bei Beendigung des Termins die Sache im Güteverfahren anhängig bleibt, der wesentliche Inhalt des mündlich gestellten Antrags in das Protokoll aufzunehmen. Führt der Termin zu einem Eintritt in das Streitverfahren, so wird die Klage durch mündlichen Vortrag erhoben und zu Protokoll genommen;

nach der Klageerhebung kann jede Partei die Vertagung des Termins verlangen.

[1]) Neu gefaßt durch Art. II Ziff. 61 VO. vom 13. Februar 1924. Die Bestimmung ist ersetzt durch § 37 GGG.

§ 500a. Soll das Streitverfahren vor dem Amtsgericht unmittelbar durch Klage eingeleitet werden, so hat der Kläger bei der Einreichung oder Anbringung der Klage entweder eine gerichtliche Bescheinigung darüber beizubringen, daß innerhalb des letzten Jahres über den Anspruch ein Güteverfahren erfolglos beendigt worden ist oder, erforderlichenfalls unter Glaubhaftmachung, darzulegen, daß einer der Fälle vorliegt, in denen es eines Güteverfahrens nicht bedarf (§ 495a Abs. 1). Eine Klage, die dieser Vorschrift nicht genügt, gilt als Güteantrag.

§§ 501—503 sind fortgefallen. § 501 ist ersetzt durch § 272b (s. dort). §§ 502 und 503 sind beseitigt durch Art. II Ziff. 63 VO. vom 13. Februar 1924.

§ 505 ist fortgefallen und ersetzt durch § 276 (s. diesen).

Drittes Buch. **Rechtsmittel.**

Dritter Abschnitt. **Beschwerde.**

§ 567[1]). Das Rechtsmittel der Beschwerde findet in den in diesem Gesetze besonders hervorgehobenen Fällen und gegen solche eine vorgängige mündliche Verhandlung nicht erfordernde Entscheidungen statt, durch welche ein das Verfahren betreffendes Gesuch zurückgewiesen ist.

Im Falle des § 99 Abs. 3 unterliegt die Entscheidung einer sofortigen Beschwerde nur, wenn die Beschwerdesumme den vom Reichsminister der Justiz nach Anhörung eines Ausschusses des Reichstags mit Zustimmung des Reichsrats festzusetzenden Betrag übersteigt.

Gegen die Entscheidungen der Oberlandesgerichte ist eine Beschwerde nicht zulässig. Ausgenommen sind Beschlüsse, durch die eine Berufung nach § 519b als unzulässig verworfen wird.

[1]) Abs. 2 ist durch VO. vom 13. Februar 1924 (Art. II Ziff. 88) eingestellt. Siehe hierüber Anm. zu § 99.

Achtes Buch. **Zwangsvollstreckung.**

Erster Abschnitt. **Allgemeine Bestimmungen.**

§ 708. Auch ohne Antrag sind für vorläufig vollstreckbar zu erklären:

1. Urteile, welche auf Grund eines Anerkenntnisses eine Verurteilung aussprechen (§ 307);
2. Urteile, welche den Eintritt der in einem bedingten Endurteil ausgedrückten Folgen aussprechen;
3. Versäumnisurteile[1]);
4. Urteile, welche im Urkunden- oder Wechselprozeß erlassen werden;
5. Urteile, durch welche Arreste oder einstweilige Verfügungen aufgehoben werden;
6. Urteile, welche die Verpflichtung zur Entrichtung von Alimenten oder zur Entrichtung einer nach den §§ 843, 844 des Bürgerlichen Gesetzbuchs geschuldeten Geldrente aussprechen, soweit die Entrichtung für die Zeit nach der

Erhebung der Klage und für das der Erhebung der Klage vorausgehende letzte Vierteljahr zu erfolgen hat;

7. Urteile der Oberlandesgerichte in vermögensrechtlichen Streitigkeiten.

[1]) Geändert durch Art. II Ziff. 97 VO. vom 13. Februar 1924. Hiernach sind also nicht mehr erst zweite Versäumnisurteile, sondern überhaupt jedes Versäumnisurteil unbeschränkt und ohne Antrag für vorläufig vollstreckbar zu erklären. Demgegenüber ist darauf hinzuweisen, daß kontradiktorische Urteile jetzt gemäß § 709 Ziff. 4 (s. daselbst) auch ohne Antrag für vorläufig vollstreckbar zu erklären sind, falls der Gegenstand der Verurteilung an Geld oder Geldeswert die Summe von 500 Goldmark nicht übersteigt. Es ist streitig geworden, ob diese Vorschriften für Urteile des Kaufmanns- und Gewerbegerichts mit Rücksicht auf § 57 GGG. in Betracht kommen. Diess. Ansicht nach ohne Berechtigung. Die Bestimmungen der ZPO. sind denjenigen des GGG. als Sondergesetz gegenüber allgemeine Vorschriften, die nur in Ermangelung der ersteren Platz greifen dürfen. Wie schon an anderer Stelle ausgeführt, muß dieser Charakter als allgemeine Vorschrift diesen allgemeinen Gesetzen auch dann anhaften, wenn sie sich durch spätere Gesetzgebung ändern. Daher verblieb der § 57 GGG. auch nach der Änderung den §§ 708 und 709 ZPO. gegenüber Sondergesetz. Es mag zugegeben werden, daß diesen Bestimmungen der ZPO. dem Zuge der Zeit folgend, die gleichen sozialen Momente zugrunde gelegen haben wie seiner Zeit der Gesetzgebung des § 57 GGG. Wenn man daher auch selbst in der Theorie durch den jetzigen Charakter der ZPO. den Zweck des § 57 als überholt ansehen wollte, so ist diese letztere Bestimmung als Sondergesetz nur auf dem Wege der Gesetzgebung zu beseitigen. Dies ist nicht nur nicht geschehen, sondern noch nach Emanation der Abänderung der ZPO. ist durch VO. vom 6. Juni 1924 (RGBl. S. 645) der § 57 GGG.

bezgl. der Summe auf 300 Goldmark festgesetzt worden. Hierdurch ist unzweideutig zum Ausdruck gebracht worden, daß die Bestimmung des § 57 GGG. als Sondergesetz nicht beseitigt werden sollte.

§ 709. Urteile sind ferner ohne Antrag[1]) für vorläufig vollstreckbar zu erklären, wenn sie betreffen:

1. Streitigkeiten zwischen dem Vermieter und dem Mieter oder Untermieter von Wohnräumen oder anderen Räumen oder zwischen dem Mieter und dem Untermieter solcher Räume wegen Überlassung, Benutzung oder Räumung sowie wegen Zurückhaltung der von dem Mieter oder dem Untermieter in die Mietsräume eingebrachten Sachen;
2. Streitigkeiten zwischen Dienstherrschaft und Gesinde, zwischen Arbeitgebern und Arbeitern hinsichtlich des Dienst- oder Arbeitsverhältnisses, sowie die im § 4 des Gewerbegerichtsgesetzes in der Fassung der Bekanntmachung vom 29. September 1901 (Reichsgesetzbl. S. 353) und des Gesetzes vom 14. Januar 1922 (Reichsgesetzbl I S. 155) bezeichneten Streitigkeiten, sofern sie während der Dauer des Dienst-, Arbeits- oder Lehrverhältnisses entstehen;
3. Streitigkeiten zwischen Reisenden und Wirten, Fuhrleuten, Schiffern, Flößern oder Auswanderungsexpedienten in den Einschiffungshäfen, welche über Wirtszechen, Fuhrlohn, Überfahrtsgelder, Beförderung der Reisenden

und ihrer Habe und über Verlust und Beschädigung der letzteren, sowie Streitigkeiten zwischen Reisenden und Handwerkern, welche aus Anlaß der Reise entstanden sind;

4. andere vermögensrechtliche Ansprüche, sofern der Gegenstand der Verurteilung an Geld oder Geldeswert die Summe von fünfhundert Goldmark nicht übersteigt; in betreff des Wertes des Gegenstandes kommen die Vorschriften der §§ 3—9 zur Anwendung.

[1]) Geändert durch VO. vom 13. Februar 1924 Art. II Ziff. 98. Danach sind Urteile, die die in § 709 bezeichneten Urteile betreffen, bezgl. der Vollstreckbarkeitserklärung ebenso wie die im § 708 genannten zu behandeln. Die Ziff. 4 war bereits durch Art. I Ziff. 2 VO. vom 13. Dezember 1923 (RGBl. I S. 1186) geändert bezgl. des Betrages auf 500 M. Über die Wirkung des § 709 auf das Verfahren vor den Kaufmanns- und Gewerbegerichten s. Anm. zu § 708. Für die Bestimmung in Ziff. 4 muß daher das dort Gesagte gleichfalls gelten.

§ 710. Andere Urteile sind gegen eine der Höhe nach zu bestimmende Sicherheit für vorläufig vollstreckbar zu erklären[1]). Auf Antrag sind sie auch ohne Sicherheitsleistung für vorläufig vollstreckbar zu erklären, wenn glaubhaft gemacht wird, daß der Gläubiger zur Sicherheitsleistung nicht in der Lage ist und daß die Aussetzung der Vollstreckung ihm einen schwer zu ersetzenden oder einen schwer zu ermittelnden Nachteil bringen würde.

[1]) Neugefaßt durch Abs. II Ziff. 99 VO. vom 13. Februar 1924. Andere Urteile, d. h. als die in §§ 708 und 709 bezeichneten, sind ebenfalls ohne Antrag von Amts wegen gemäß

Satz 1 gegen eine vom Gericht der Höhe nach durch freies Ermessen zu bestimmende Sicherheit für vorläufig vollstreckbar zu erklären. Auf Antrag ohne Sicherheitsleistung nur gemäß Satz 2. Hier könnte es zweifelhaft sein, ob die Bestimmung des Satzes 1 in dem Verfahren vor den Kaufmanns- und Gewerbegerichten Anwendung findet. (Vgl. hierzu Anm. zu § 708.) Nach diess. Ansicht möchte es bejaht werden, weil das hier zugrunde liegende Moment der Sicherheitsleistung dem Gedanken des § 57 GGG. s. Zt. fern gelegen und er ausdrücklich bezgl. der Zwangsvollstreckung auf die Vorschriften der ZPO. verwiesen hat. Im übrigen wird diese Vorschrift vor den Kaufmanns- und Gewerbegerichten nur in seltensten Fällen praktischen Wert haben, da die Arbeitnehmer kaum zur Sicherheitsleistung in der Lage sein werden.

§ 712[1]. Wird glaubhaft gemacht, daß die Vollstreckung des Urteils dem Schuldner einen nicht zu ersetzenden Nachteil bringen würde, so ist in den Fällen der §§ 708, 709, 710 Satz 1 auf Antrag des Schuldners auszusprechen, daß dasselbe nicht vorläufig vollstreckbar sei; in den Fällen des § 710 Satz 2 ist der Antrag des Gläubigers zurückzuweisen.

[1]) Abgeändert durch Art. II Ziff. 100 VO. vom 13. Februar 1924. Abs. 2 ist fortgefallen.

§ 713a[1]). Die in den §§ 712 und 713 zugunsten des Schuldners zugelassenen Anordnungen sollen nicht ergehen, wenn die Voraussetzungen, unter denen ein Rechtsmittel gegen das Urteil stattfindet, nach dem Ermessen des Gerichts unzweifelhaft nicht vorliegen.

[1]) Eine neue Sollvorschrift, die durch Art. II Ziff. 101 VO. vom 13. Februar 1924 eingefügt ist.

§ 714[1]). Die in den §§ 710—713 erwähnten

Anträge sind vor dem Schlusse der mündlichen Verhandlung zu stellen, auf welche das Urteil ergeht.

[1]) Hier tritt gemäß Art. II Ziff. 102 VO. vom 13. Februar 1924 an Stelle der Zahl „709" die Zahl „710".

§ 794. Die Zwangsvollstreckung findet ferner statt:

1. aus Vergleichen, welche nach Erhebung der Klage oder in einem Güteverfahren zwischen den Parteien oder zwischen einer Partei und einem Dritten zur Beilegung des Rechtsstreits seinem ganzen Umfang nach oder in betreff eines Teiles des Streitgegenstandes vor einem deutschen Gericht oder vor einer Gütestelle der im § 495a Abs. 1 Nr. 1 bezeichneten Art abgeschlossen sind, sowie aus Vergleichen, die gemäß § 118a zu richterlichem Protokoll genommen sind;
2. aus Kostenfestsetzungsbeschlüssen[1]);
3. aus Entscheidungen, gegen welche das Rechtsmittel der Beschwerde stattfindet;
4. aus Vollstreckungsbefehlen;
5. aus Urkunden, welche von einem deutschen Gericht oder von einem deutschen Notar innerhalb der Grenzen seiner Amtsbefugnisse in der vorgeschriebenen Form aufgenommen sind, sofern die Urkunde über einen Anspruch errichtet ist, welcher die Zahlung einer bestimmten Geldsumme oder die Leistung einer bestimmten Quantität anderer vertretbarer Sachen oder Wertpapiere zum Gegenstande hat, und der Schuldner sich in der Urkunde der sofortigen

Zwangsvollstreckung unterworfen hat. Als ein Anspruch, welcher die Zahlung einer Geldsumme zum Gegenstande hat, gilt auch der Anspruch aus einer Hypothek, einer Grundschuld oder einer Rentenschuld.

Soweit nach den Vorschriften der §§ 737, 739, 743, des § 745 Abs. 2 und des § 748 Abs. 2 die Verurteilung eines Beteiligten zur Duldung der Zwangsvollstreckung erforderlich ist, wird sie dadurch ersetzt, daß der Beteiligte in einer nach Abs. 1 Nr. 5 aufgenommenen Urkunde die sofortige Zwangsvollstreckung in die seinem Rechte unterworfenen Gegenstände bewilligt.

[1]) Abs. 1 Ziff. 1 ist geändert, die frühere Ziff. 2 ist fortgefallen durch Art. II Ziff. 104 VO. vom 13. Februar 1924. Über Güteverfahren siehe Vorbemerkung. Vgl. auch § 26a und § 26b der VO. vom 22. Dezmber 1923 (RGBl. S. 1239) (siehe hierzu Sydow, Nachtrag zur ZPO. 1924 S. 13 Anm. zu § 26a) und Volkmar, Kommentar zur VO. z. Beschl. d. Verf. in bürgerl. Rechtsstreitigkeiten vom 22. Dezember 1923, erschienen bei Bensheimer, Berlin 1924, S. 28ff.

§ 850. Der Pfändung sind nicht unterworfen:

1. der Arbeits- oder Dienstlohn nach den Bestimmungen des Reichsgesetzes vom 21. Juni 1869 (Bundesgesetzbl. 1869 S. 242 und 1871 S. 63, Reichsgesetzbl. 1897 S. 159, 1898 S. 332) und der Verordnung über Lohnpfändung vom 25. Juni 1919 (Reichsgesetzbl. 1919 S. 589, 1921 S. 1657, 1923 I S. 1186, 1924 I S. 25)[1]);
2. die auf gesetzlicher Vorschrift beruhenden Alimentenforderungen und die nach § 844 des

Bürgerlichen Gesetzbuchs wegen der Entziehung einer solchen Forderung zu entrichtende Geldrente;

3. die fortlaufenden Einkünfte, welche ein Schuldner aus Stiftungen oder sonst auf Grund der Fürsorge und Freigebigkeit eines Dritten bezieht, insoweit der Schuldner zur Bestreitung des notdürftigen Unterhalts für sich, seinen Ehegatten und seine noch unversorgten Kinder dieser Einkünfte bedarf;
4. die aus Kranken-, Hilfs- oder Sterbekassen, insbesondere aus Knappschaftskassen und Kassen der Knappschaftsvereine zu beziehenden Hebungen;
5. die Invalidenpension der Unteroffiziere und der Mannschaften nach den Bestimmungen der Versorgungsgesetze;
6. das Diensteinkommen der Militärpersonen, welche zu einem mobilen Truppenteil oder zur Besatzung eines in Dienst gestellten Kriegsfahrzeugs gehören;
7. die Pensionen der Witwen und Waisen und die denselben aus Witwen- und Waisenkassen zukommenden Bezüge, die Erziehungsgelder und die Studienstipendien sowie die Pensionen invalider Arbeiter;
8. das Diensteinkommen der Offiziere, Militärärzte und Deckoffiziere, der Beamten, der Geistlichen sowie der Ärzte und Lehrer an öffentlichen Anstalten; die Pension dieser Personen nach deren Versetzung in einstweiligen

oder dauernden Ruhestand sowie der nach ihrem Tode den Hinterbliebenen zu gewährende Sterbe- oder Gnadengehalt;

9. das Diensteinkommen der Unteroffiziere und Mannschaften der Wehrmacht [2]).

Übersteigen in den Fällen Nr. 7—9 das Diensteinkommen, die Pension oder die sonstigen Bezüge die Summe von dreißig Goldmark für die Woche, so ist der dritte Teil des Mehrbetrags der Pfändung unterworfen. Das Wertverhältnis der Goldmark zur Reichswährung bestimmt sich nach dem für Reichssteuern geltenden Umrechnungssatz im Zeitpunkt der Fälligkeit der Bezüge [3]). Der Reichsminister der Justiz ist ermächtigt, einen anderen Umrechnungssatz zu bestimmen. Die Beihilfen und Zulagen, die den im Abs. 1 Nr. 7—9 bezeichneten Personen mit Rücksicht auf das Vorhandensein unterhaltsberechtigter Angehöriger gewährt werden, sind weder der Pfändung unterworfen, noch bei der Ermittlung, ob und zu welchem Betrag ein Bezug der Pfändung unterliegt, zu berechnen. Das gleiche gilt für die Einkünfte, die zur Bestreitung eines Dienstaufwandes bestimmt sind [4]).

Die nach § 843 des Bürgerlichen Gesetzbuchs wegen einer Verletzung des Körpers oder der Gesundheit zu entrichtende Geldrente ist der Pfändung nur nach Maßgabe der Verordnung über Lohnpfändung vom 25. Juni 1919 (Reichsgesetzbl. 1919 S. 589, 1921 S. 1657, 1923 I S. 1186, 1924 I S. 25) unterworfen.

Das Diensteinkommen, die Pension und die

sonstigen Bezüge der im Abs. 1 Nr. 7—9 genannten Personen, einschließlich der im Abs. 2 Satz 4 bezeichneten Beihilfen und Zulagen, sowie die im Abs. 3 bezeichneten Geldrenten sind unbeschränkt pfändbar, wenn die Pfändung wegen der den Verwandten, dem Ehegatten und dem früheren Ehegatten für die Zeit nach Erhebung der Klage und für das diesem Zeitpunkt vorausgehende letzte Vierteljahr kraft Gesetzes zu entrichtenden Unterhaltsbeiträge beantragt wird. Das gleiche gilt in Ansehung der zugunsten eines unehelichen Kindes von dem Vater für den bezeichneten Zeitraum kraft Gesetzes zu entrichtenden Unterhaltsbeiträge; diese Vorschrift findet jedoch insoweit keine Anwendung, als der Schuldner zur Bestreitung seines notdürftigen Unterhalts und zur Erfüllung der ihm seinen Verwandten, seiner Ehefrau oder seiner früheren Ehefrau gegenüber gesetzlich obliegenden Unterhaltspflicht der Bezüge bedarf. Hierbei werden ausschließlich die Leistungen berücksichtigt, welche vermöge einer solchen Unterhaltspflicht für den nämlichen Zeitraum oder, falls die Klage zugunsten des unehelichen Kindes nach der Klage eines Unterhaltsberechtigten erhoben ist, für die Zeit von dem Beginne des der Klage dieses Berechtigten vorausgehenden letzten Vierteljahrs ab zu entrichten sind.

[1]) Das Lohnpfändungsrecht hat folgende Veränderungen erfahren: Die ZPO., das Lohnbeschlagnahmegesetz vom 21. Juni 1869 sowie die Abänderungsgesetze von 1897 und 1898 gestatteten die Pfändung des 1500 M. übersteigenden Betrages des Arbeitseinkommens. Diese Grenze wurde durch VO. vom 17. Mai 1915 auf 2000 M. festgesetzt, eine VO. vom 22. März

1917 bestimmte das gleiche bezgl. des Ruhegehaltes der privatdienstlich Angestellten. Durch VO. vom 13. Dezember 1917 wurde zum erstenmal bestimmt, daß auch ein Teil des überschießenden Betrages der Pfändung entzogen ist. Die Neuordnung der Lohnpfändung erfolgte sodann durch die VO. vom 25. Juni 1919 (RGBl. S. 589). Durch verschiedene VO. wurden die Grenzen der Beschlagnahme durch Veränderung der Summe den wirtschaftlichen Verhältnissen angepaßt, bis sie durch VO. vom 22. November 1923 (RGBl. I S. 1110) durch Vervielfältigung mit der Reichsindexziffer festgelegt wurde. Nunmehr ist durch VO. vom 7. Januar 1924 (RGBl. I S. 25) eine Neufassung erfolgt.

Art. I der VO. vom 7. Januar 1924 lautet:

1. Der § 1 Abs. 1 der VO. über Lohnpfändung (RGBl. 1919 S. 589, 1921 S. 1657, 1923 I S. 1110) erhält folgende Fassung:

Der Arbeits- oder Dienstlohn (§ 1 des Gesetzes vom 21. Juni 1869, BundesGBl. S. 242 und 1871 S. 63, RGBl. 1897 S. 159, 1898 S. 332) ist bis zur Summe von dreißig Goldmark für die Woche und, soweit er diesen Betrag übersteigt, zu einem Drittel des Mehrbetrags der Pfändung nicht unterworfen.

2. Der Abs. 3 daselbst erhält folgende Fassung:

Übersteigt der Arbeits- oder Dienstlohn die Summe von einhundert Goldmark für die Woche, so findet auf den Mehrbetrag die Vorschrift des Abs. 2 keine Anwendung.

3. Hinter dem Abs. 3 daselbst wird als Abs. 4 folgende Vorschrift eingestellt:

Das Wertverhältnis der Goldmark zur Reichswährung bestimmt sich nach dem im Zeitpunkt der Fälligkeit des Arbeits- oder Dienstlohns geltenden Goldumrechnungssatz (§ 2 der Durchführungsbestimmungen zur Aufwertungsverordnung, RGBl. 1923 I S. 951). Der Reichsminister der Justiz ist ermächtigt, einen anderen Umrechnungssatz zu bestimmen.

[2]) Ziff. 9 ist neu eingefügt durch § 46 des Reichswehrgesetzes vom 23. März 1921 (RGBl. S. 329).

[3]) Abs. 2 Satz 2 der jetzigen Fassung ist erfolgt in der Bekanntmachung des Textes der ZPO. vom 13. Mai 1924 (RGBl. I S. 531).

[4]) Der Betrag von 30 Goldmark in Satz 1, der auch im übrigen seine jetzige Fassung der VO. vom 7. Januar 1924 (RGBl. I S. 25) verdankt, ist durch die gleiche VO. Art. II festgesetzt. Abs. 2 Satz 4 und 5 haben ihre Fassung bereits durch VO. vom 26. Oktober 1922 (RGBl. S. 805) erhalten.

§ 888. Kann eine Handlung durch einen Dritten nicht vorgenommen werden, so ist, wenn sie ausschließlich von dem Willen des Schuldners abhängt, auf Antrag von dem Prozeßgericht erster Instanz zu erkennen, daß der Schuldner zur Vornahme der Handlung durch Geldstrafen oder durch Haft anzuhalten sei. Das Höchstmaß der Geldstrafe ist unbeschränkt[1]).

Diese Bestimmung kommt im Falle der Verurteilung zur Eingehung einer Ehe, im Falle der Verurteilung zur Herstellung des ehelichen Lebens und im Falle der Verurteilung zur Leistung von Diensten aus einem Dienstvertrage nicht zur Anwendung.

[1]) Das Höchstmaß der Geldstrafe ist jetzt unbeschränkt. Abgeändert durch Art. VII Ziff. 1 des Geldstrafengesetzes vom 27. April 1923 (RGBl. I S. 254) in der Fassung der VO. über Vermögensstrafen und Bußen vom 6. Februar 1924. Art. XI Ziff. 1. (RGBl. I S. 44).

§ 890[1]). Handelt der Schuldner der Verpflichtung zuwider, eine Handlung zu unterlassen oder die Vornahme einer Handlung zu dulden, so ist er wegen einer jeden Zuwiderhandlung auf Antrag des Gläubigers von dem Prozeßgericht erster Instanz zu einer Geldstrafe oder zur Strafe der Haft bis zu sechs Monaten zu verurteilen. Das Maß der Gesamtstrafe darf zwei Jahre Haft nicht übersteigen. Das Höchstmaß der Geldstrafe ist unbeschränkt.

Der Verurteilung muß eine Strafandrohung vorausgehen, welche, wenn sie in dem die Verpflichtung aussprechenden Urteil nicht enthalten ist, auf Antrag von dem Prozeßgericht erster Instanz erlassen wird.

Auch kann der Schuldner auf Antrag des Gläubigers zur Bestellung einer Sicherheit für den durch fernere Zuwiderhandlung entstehenden Schaden auf bestimmte Zeit verurteilt werden.

[1]) Das Höchstmaß der Geldstrafe ist jetzt unbeschränkt. Abgeändert durch Art. VII Ziff. 2 des Geldstrafengesetzes vom 27. April 1923 (RGBl. I S. 254) in der Fassung der VO. über Vermögensstrafen und Bußen vom 6. Februar 1924. Art. XI Ziff. 2. (RGBl. I S. 44).

Sachregister.

(Die Zahlen verweisen auf die Seiten.)

A.

B.

P.

Q.

R.

S.

T.

U.

Gedruckt bei A. W. Hayn's Erben, Potsdam.

VIII. 26. — 15 000.

Nr. 13. Konkurs-O. u. Anfechtungs-G. Von R. Sydow. Fortgef. von L. Busch und O. Krieg. 14. Auflage. — 1926. Rm 10,—

Nr. 14. Gerichtsverfassungsgesetz. Von R. Sydow. Fortgeführt von L. Busch. 10. Auflage. 1925. Rm 6,—

Nr. 15. Das deutsche Gerichtskostengesetz. Von R. Sydow. Fortgeführt von L. Busch u. F. Koehler. 11. Aufl. In Bearb.

Nr. 16. Rechtsanwaltordnung. Von R. Sydow. 5. Auflage v. M. Jacobsohn. Mit Nachtrag von 1910. — 1907. Vergriffen.

Nr. 17. Gebührenordn. f. Rechtsanw. u. d. Pr. Gebührengesetz. Von R. Sydow. Fortgef. v. L. Busch u. O. Krieg. 13. Aufl. In Bearbeitung.

Nr. 18. Reichsstempelgesetz. Von P. Loeck. Vergriffen. Wird durch Kapitalverkehrssteuerges. ersetzt. Erl. Ausg. in Bearb.

Nr. 19. Die Seegesetzgebung. Von W. E. Knitschky. 5. Auflage von O. Rudorff. — 1913. Rm 8,—

Nr. 20. Krankenversicherungsgesetz siehe **Nr. 107, 161.**

Nr. 21. Die Konsulargesetzgebung. Von Ph. Zorn. 8. Auflage von A. Zorn. — 1911. Rm 4,50

Nr. 22. Patentgesetz. Von R. Lutter. 8. Auflage. — 1920. Mit Nachtrag. — 1924. Rm 4,—. Nachtrag apart Rm 0,40

Nr. 23. Gewerbe-Unfallversicherungsgesetz s. **Nr. 108, 161 a.**

Nr. 24. Aktiengesellschaft u. Kommanditgesellschaften auf Aktien. Von H. Keyßner und H. Veit Simon. 7. Aufl. In Bearbeitung.

Nr. 25. Brausteuergesetz. Von A. Düffe. 2. Aufl. — 1910. Rm 2,— (Siehe auch Reichsgesetz Nr. **54** Bd. II.)

Nr. 26. Münz- und Notenbankwesen. Von R. Koch. 7. Aufl. von Reichsbankpräsident Schacht. 1925. Rm 14,—

Nr. 27. Gesundheitswesen im Deutschen Reich. Von C. Goesch und J. Karsten. — 1888. Vergriffen.

Nr. 28. Bau-Unfallversicherungsgesetz siehe **Nr. 108.**

Nr. 29. Erwerbs- und Wirtschaftsgenossenschaften. Von L. Parisius und H. Crüger. 18. Auflage. — 1925. Rm 4,—

Nr. 30. Invalidenversicherungsgesetz s. **Nr. 109, 161** u. **161 a.**

Nr. 31. Gewerbegerichtsgesetz. Von W. Cuno. Vergriffen, Siehe auch **Nr. 112, 112 a.**

Nr. 32. Gesellschaften mit beschränkter Haftung. Von L. Parisius u. H. Crüger. 17. Aufl. — 1926. Rm 3,50

Nr. 33. Vereins- und Versammlungsrecht. Von E. Ball. 2. Auflage von F. Friedenthal. — 1907. Rm 2,—

Reichs-Vereinsgesetz vom 19. April 1908 siehe **Nr. 88.**

Nr. 34. Die Abzahlungsgeschäfte. 3. Auflage von E. Wilke. — 1910. Rm 1,20

Nr. 35. Die Reichs-Eisenbahngesetzgebung. Von W. Coermann. — 1895. (Siehe auch **Nr. 66.**) Rm 2,—

Nr. 36. **Privatrechtliche Verhältnisse der Binnenschiffahrt und Flößerei.** Von E. Löwe. 6. Auflage. — 1923. Rm 4,—

Nr. 37. **Unlauterer Wettbewerb.** Von A. Pinner. 7. Auflage von A. Elster. — 1921. Rm 1,40

Nr. 38/39. **Bürgerliches Gesetzbuch nebst Einführungsgesetz.** Von A. Achilles. In Verbindung mit F. André, O. Meyer, O. Strecker, K. v. Unzner herausgegeben von M. Greiff. 12. Auflage. — 1926. Im Druck.

Nr. 40. Gesetz, betr. die **Pflichten der Kaufleute bei Aufbewahrung fremder Wertpapiere [Depotgesetz].** Von F. Lusensky. 3. Auflage. — 1916. Mit Nachtrag 1924. Rm 1,—

Nr. 41. **Börsengesetz.** Von Th. Hemptenmacher. 3. Auflage von O. Meyer. — 1915. Rm 3,50

Nr. 42. **Grundbuchordnung.** Von O. Fischer. 8. Auflage. — 1924. Rm 3,—

Nr. 43. **Zwangsvollstreckung.** Von J. Krech und O. Fischer. 9. Auflage von O. Fischer. — 1922. Rm 3,50

Nr. 44. **Auswanderungswesen.** Von F. Stoerk. — 1899. Rm 2,—

Nr. 45. **Entmündigungsrecht.** Von P. Koll. — 1900. Rm 1,20

Nr. 46. **Freiwillige Gerichtsbarkeit.** Von H. Jastrow. 6. Auflage von Herm. Günther. — 1921. Rm 4,50

Nr. 47. **Deutsches Vormundschaftsrecht.** Von M. Schultzenstein und P. Köhne. 2. Auflage. — 1901. Rm 2,50

Nr. 48. Gesetze, betr. den **Drogen-, Gift- und Farbenhandel** außerhalb der Apotheken. Von J. Broh. — 1899. Rm 1,20

Nr. 49. **Deutsche Kolonialgesetzgebung.** Von Ph. Zorn. 2. Auflage von Sassen. — 1913. Rm 5,—

Nr. 50. **Der Viehkauf [Viehgewährschaft].** Von H. Stölzle und H. Weiskopf. 6. Auflage. — 1926. Rm 15,—

Nr. 51. **Hypothekenbankgesetz.** Von H. Göppert. 2. Auflage von Seidel. — 1911. Mit Nachtrag. 1926. Rm 2,20

Nr. 52. **Rechte der Besitzer v. Schuldverschreibungen.** Von H. Göppert. 2. Aufl. v. E. Trendelenburg. — 1915. Rm 1,50

Nr. 53. **Reichspreßgesetz.** Von A. Born. 3. Auflage. — 1924. Rm 4,—

Nr. 54. Verkehr mit **Nahrungsmitteln, Genußmitteln und Gebrauchsgegenständen.** Von G. Lebbin. — 2. Aufl. in 2 Bänden.

Bd. II. **Getränkegesetze u. Getränkesteuergesetze** (Wein, Bier, Branntw., Mineralw.). Unt. Mitw. v. Dr. Kniebe. Rm 10

Nr. 55. **Beschlagnahme von Lohn- und Gehaltsforderungen.** Von G. Meyer. 5. Auflage. — 1914. Durch Nachträge ergänzt 1925. (Nachträge allein Rm 0,70) Rm 2,30

Nr. 56. **Bekämpfung gemeingefährlicher Krankheiten.** Von B. Burkhardt. — 1900. Rm 1,20

Nr. 57. **See-Unfallversicherungsgesetz** siehe Nr. **108** u. **161a.**

Nr. 58. **Recht der unehelichen Kinder.** Von H. Jastrow. — 1901. Mit Nachtrag 1925. Rm 1,60

Nr. 59. **Beurkundung des Personenstandes und die Eheschließung.** Von F. Fidler. 2. Auflage. — 1912. Rm 2,30

Nr. 60. **Das Urheberrecht an Werken der Literatur und der Tonkunst.** Von O. Lindemann. 4. Auflage. — 1921. Rm 1,80

Nr. 61. **Verlagsrecht.** Von B. Marwitz. 3. Auflage. — 1922. Rm 1,60

Nr. 62. **Private Versicherungsunternehmungen.** Von H. Könige. 3. Auflage. Im Druck.

Nr. 63. **Gesetzestafel des deutschen Reichsrechts.** Von H. Bruhns. 2. Auflage. — 1913. Rm 3,—

Nr. 64. Gesetzsammlung, betr. den **Handel mit Drogen und Giften.** Von H. Sonnenfeld. 3. Auflage. — 1926. Rm 12,—

Nr. 65. **Weingesetz.** Von G. Lebbin. 2. Aufl. — 1909. Rm 2,— (Siehe auch Reichsgesetz Nr. **54** Bd. II.)

Nr. 66. **Die Eisenbahn-Gesetzgebung.** Von W. Bietsch. 2. Auflage. — 1913. (Siehe auch Nr. 91.) Vergriffen.

Nr. 67. **Militär-Strafgesetzbuch.** Von A. Romen und C. Rissom. 3. Auflage. — 1918. Rm 5,—

Nr. 68. **Fleischbeschaugesetz.** Von G. Lebbin und G. Baum. — 1903. Vergriffen.

Nr. 69. Reichsgesetz über die **Naturalleistungen der bewaffneten Macht im Frieden.** Von W. v. Hippel. — 1903. Rm 1,—

Nr. 70. **Das Reichs-Haftpflichtgesetz.** Von G. Eger. — 1903. Vergriffen. — (Als Ersatz Kommentar von Seligsohn. — 1920. Rm 8,—, geb. Rm 9,50)

Nr. 71. **Kinderarbeit in gewerblichen Betrieben.** Von H. Spangenberg. 2. Auflage. — 1904. Rm 1,20

Nr. 72. **Unfallversicherungsgesetz** siehe Nr. **108** und **161a.**

Nr. 73. **Entschädigung für unschuldig erlittene Verhaftung und Bestrafung.** Von A. Romen. — 1904. Rm 1,70

Nr. 74. **Die Kaufmannsgerichte.** Von M. Apt. 3. Auflage. — 1904. (Siehe auch Nr. **112** und **112a.**) Vergriffen.

Nr. 75. **Konsulargerichtsbarkeit.** Von A. F. Vorwerk. 2. Ausgabe, mit den Schutzgebietsgesetzen. — 1908. Rm 1,60

Nr. 76. **Die Rechtshilfe im Verkehr mit den ordentlichen Gerichten.** Von A. Friedländer. — 1906. Rm 1,50

Nr. 77. **Das Erbschafts-StG.** Von B. Hendel. 1920. Rm 5,— Neue Fassung v. H. Schachian. 3. Auflage. — 1925. Rm 2,50

Nr. 78. **Zigarettensteuergesetz.** Von Cuno. Vergriffen.

Nr. 79. **Die Militärpensionsgesetze.** Von A. Romen.
a) I. Teil: **Offizierpensionsgesetz. — 1907.** Rm 2,—
b) II. Teil: **Mannschaftsversorgungsgesetz.** Mit **Kapitalabfindungsgesetz.** — 1908. Rm 2,—

Militärversorgungsgesetze siehe auch Nr. 152 und 152 a.

Nr. 80. **Gerichtliche Registerführung.** Von O. Lindemann. — 1906. Rm 2,40

Nr. 81. **Urheberrecht an Werken der bildenden Künste und der Photographie.** Von L. Fuld. 2. Auflage. — 1926. Rm 6,—

Nr. 82. **Reichsbeamtengesetz.** Von A. Arndt. 3. Auflage. — 1923. Mit Nachtrag, enth. die Änderungen bis 1924. Rm 3,50

Nr. 83. **Versicherungsvertrag.** Von P. Hager und E. Bruck. 5. Auflage. — 1926. Rm 14,—

Nr. 84. **Sammlung kleinerer privatrechtlicher Reichsgesetze.** Von G. Müller. — 1908. Rm 5,50

Nr. 85. **Scheckgesetz.** Neue Auflage im Druck. (Siehe auch Reichsgesetze Nr. 5 und 162.)

Nr. 86. **Die Auslieferungsverträge des Deutschen Reiches.** Von A. Cohn. — 1908. Rm 4,—

Nr. 87a. **Das deutsche Warenzeichenrecht.** Von Freund und Magnus. 6., neubearb. Aufl. von Jüngel und Magnus. Teil I: **Die internationalen Verträge.** — 1924. Rm 9,—

Nr. 88. **Vereinsgesetz.** Von A. Romen. 5. Aufl. — In Bearb.

Nr. 89. **Vogelschutzgesetz.** Von L. v. Boxberger. — 1909. Rm 1,—

Nr. 90. Die Haager Abkommen über das **Internationale Privatrecht.** Von G. Bogeng. — 1908. Rm 2,—

Nr. 91. **Eisenbahn-Verkehrsordnung.** Von E. Blume. 3. Auflage von Weirauch. Im Druck.

Nr. 92. **Verkehr mit Kraftfahrzeugen.** Von R. Kirchner. 3. Auflage. — 1915. Mit Nachtrag, enth. alle Neuerungen bis Ende 1925. Rm 5,—. (Nachtrag einzeln Rm 1,50)

Nr. 93. **Sicherung der Bauforderungen.** Von E. Harnier. 3. Auflage. — 1912. Rm 1,50

Nr. 94. **Die Beamtenhaftpflichtgesetze des Reiches und der Länder.** Von H. Delius. 3. Auflage. — 1921. Rm 3,20

Nr. 95. Die Berner Übereinkunft über **Internationales Urheberrecht.** Von H. Dungs. — 1910. Rm 1,—

Nr. 96. **Branntweinsteuergesetz. — Branntweinmonopolgesetz** siehe Nr. 54 Bd. II.

Nr. 97. **Schutzgebietsgesetz.** Von J. Gerstmeyer. — 1910. Rm 2,50

Nr. 98. **Sechs Haager Abkommen über Internationales Privatrecht.** Von H. Dungs. — 1910. Rm 1,50

Nr. 122. **Belagerungszustand.** Von H. Pürschel. 1916. Rm 3,50

Nr. 123. **Warenumsatzstempel.** Von Lindemann. — 1916. (**Umsatzsteuergesetze** siehe Nr. 132.)

Nr. 124. **Todeserklärung Kriegsverschollener.** Von J. Partsch. — 1917. Rm 2,—

Nr. 125. **Vaterländischer Hilfsdienst.** 3. Auflage. — 1917. Rm 1,—

Nr. 126. **Besitzsteuergesetz.** Von A. Mrozek. Vergriffen.

Nr. 127. **Geschäftsaufsicht zur Abwendung des Konkurses.** Von G. Klien u. Ernst Jaeger. — 1917. Durch Nachträge ergänzt. Rm 3,—

Nr. 128. **Verhaftung und Aufenthaltsbeschränkung.** Von A. Romen. — 1917. Rm 1,20

Nr. 129. **Zivilrechtkriegsgesetze.** Von Fischer. — 1918. Rm 1,50

Nr. 130. **Ersatzlebensmittelverordnung.** — 1918. Rm 1,50

Nr. 131 a. **Reichsfinanzgesetzgebung 1918.** Bd. I. **Getränkesteuern.** Von G. Mayer. — 1918. Rm 2,50

Nr. 131 b. **Reichsfinanzgesetzgebung 1918.** Bd. II. **Einkommen, Umsatz** usw. Von G. Mayer. — 1919. Rm 1,50

Nr. 132. **Umsatzsteuergesetz.** Von Otto Lindemann. 4. Auflage. — 1926. Rm 10,—

Nr. 133. **Reichswuchergesetzg.** Von Ad. Lobe. — 1918. Rm 2,80

Nr. 134. **Der Ostfrieden.** Von Karl Strupp. — 1918. Rm 3,—

Nr. 135. **Erbbaurecht.** Von H. Günther. — 1919. Rm 2,—

Nr. 136. **Militärvers.-Ges.** Von H. Günther. — 1919. Rm 2,30

Nr. 137. **Reichsverfassung.** Von Arndt. 2. Aufl. — 1921. Rm 2,50

Nr. 138 a. **Arbeiterschutz und Arbeitsrecht.** Von A. Günther. 1920. Rm 5,—

Nr. 138 b. **Betriebsrätegesetz.** Von A. Günther. — 1920. Vergr.

Nr. 139. **Grunderwerbsteuergesetz.** Von Otto Lindemann. 2. Auflage. — 1926. Im Druck.

Nr. 140. **Die Siedelungsgesetzgebung im Reich und in Preußen.** Von W. Holzapfel. — 1920. Rm 3,—

Nr. 141. **Sozialisierungsgesetze.** Von Reier. — 1920. Rm 2,20

Nr. 142. **Wirtschaftliche Demobilmachung.** Von Gg. Fischbach. — 1920. Rm 1,—

Nr. 143. **Reichsabgabenordnung.** Von Nieberl. — 1922. Mit Nachtrag, enth. die Änderungen von 1924. Rm 4,—

Nr. 144. **Versicherungsgesetz für Angestellte.** Von Lippmann. — 1920. Neue Fassung siehe S. 12.

Nr. 145. **Steuer- und Kapitalflucht.** Von E. H. Meyer. 2. Auflage. — 1921. Rm 1,60

Nr. 146. **Tabaksteuergesetz.** Von Wündisch. — 1920. Mit Nachtrag 1925. Rm 4,—

Nr. 147. **Filmzensur.** Von Szczesny. — 1920. Rm 1,50

Nr. 148. **Reichsausgleichsgesetz.** Von Decke. — 1920. Rm 1,50

Nr. 149. **Reichsnotopfergesetz.** Von Friedmann und Wrzeszinsky. — 1921. Rm 4,—

Nr. 150. **Reichsschädengesetze.** Von Adolf Hohenstein und Wenzel Goldbaum. — 1922. Rm 4,—

Nr. 151. **Einkommensteuer und Körperschaftsteuer.** Von Hollaender. — 1926. Im Druck.

Nr. 152. **Wohlfahrtsgesetze.** Von Behrend und Stranz-Hurwitz. Teil I. 1923. Rm 5,—

Nr. 152a. Desgl. Teil II. 1925. Rm 9,—

Nr. 152 und 152a zusammen bezogen Rm 12,—

Nr. 153. **Zwangsanleihegesetz.** Von Simon und Beutner. 1923. Rm 8,—

Nr. 154. **Jugendwohlfahrtsgesetz und Jugendgerichtsgesetz.** Von Drewes und Sandré. — 1923. Mit Nachtrag, enth. die Ergänzungen bis April 1924. Rm 6,—

Nr. 155. **Reichsknappschaftsgesetz.** Von Max Reuß und Fritz Hense. 2. Auflage. — 1926. In Bearbeitung.

Nr. 156. **Mietrecht und Wohnungsmangelgesetz.** Von Krieg. 3. Auflage. — 1925. Rm 7,—

Nr. 157. **Dritte Steuernotverordnung v. 14. 2. 1924** mit den Vorschriften über **Aufwertung.** 2. Auflage unter dem Titel: **Aufwertungsgesetze.** Von **Michaelis.** — 1925. Rm 16,—

Nr. 158. **Strafprozeßordnung.** Alte und neue Fassung synoptisch gegenübergestellt. Von **Reichsanwalt** Feisenberger. — 1925. Rm 4,50

Nr. 159. **Industriebelastungsgesetz.** Von Höpker. Rm 4,—

Nr. 160. **Fürsorgepflicht.** Von Sandré. — 1925. Rm 6,—

Nr. 161. **Reichsversicherungsordnung.** Von Lippmann. Rm 11,—

Nr. 161a. Desgl. **Ergänzungsband,** enthaltend die neue Fassung des **Unfallversicherungsgesetzes** sowie die Änderungen der übrigen Bücher der RVO. Von Lippmann. Rm 4,—

Nr. 162. **Handelsrechtliche Nebengesetze.** Von Schreiber. — 1926. Rm 14,—

Nr. 163. **Notariatsrecht.** Von Szkolny. — 1925. Rm 8,50

Nr. 164. **Aufwertung von Versicherungsansprüchen.** Teil I: **Lebensversicherungen.** Von Berliner und Pfaffenberger. — 1926. Rm 6,50

Nr. 164a. Desgl. Teil II: **Sach-** (Feuer-, Glas-, Wasser- usw.) **und Transportversicherung, Unfall- und Haftpflichtversicherung.** — 1926. Rm 3,50

B. Preußische Gesetze.

Nr. 1. **Die Verfassung des Freistaats Preußen.** Von A. Arndt. — 1921. Rm 2,—
Ausführlicher Kommentar von Stier-Somlo. — 1921. Rm 5,—

Nr. 2. **Preußische Beamten-Gesetzgebung.** Von K. Pfafferoth. 5. Auflage. — 1916. Rm 2,40

Nr. 3. **Nottestamente.** Von E. Kurz. — 1904. Rm 1,50

Nr. 4. **Gebührenordnung für Notare.** Vom 28. Oktober 1922. Von Rausnitz. 6. Auflage. — 1925. Rm 7,—

Nr. 5—9 vergriffen.

Nr. 10. **Einkommensteuergesetz** siehe Reichsgesetze Nr. 151.

Nr. 11. **Gewerbesteuergesetz.** Von A. Fernow. Vergriffen.

Nr. 12. **Allgemeines Berggesetz.** Von Schlüter und Hense. 4. Auflage. — In Vorbereitung.

Nr. 13. **Ergänzungssteuergesetz.** Von A. Fernow. 5. Aufl. Rm 3,—

Nr. 14. **Kommunalabgabengesetz.** Von F. Adickes. 6. Auflage von Falk. — 1922. Rm 3,50

Nr. 15. **Die Kreisordnungen.** Von O. Kolisch. — 1894. Vergriffen.

Nr. 16. **Konzessionierung gewerblicher Anlagen.** Von W. v. Rüdiger. 2. Auflage. — 1901. Vergriffen.

Nr. 17. **Preußisches Gerichtskostengesetz.** Von P. Siméon. 8. Auflage. In Vorbereitung.

Nr. 18. **Preußisches Stempelsteuergesetz.** Von P. Loeck und W. Seyffarth. 10. Auflage von Eiffler. — In Bearbeitung.

Nr. 19. **Jagdscheingesetz.** Von F. Kunze. 2. Aufl. — 1899. Rm 2,—

Nr. 20. **Die preußischen Erbschaftssteuergesetze.** Von U. Hoffmann. — 1905. Rm 3,—
(Reichs-Erbschaftssteuergesetz siehe Seite 12.)

Nr. 21. **Handelskammern.** Von F. Lusensky. 2. Auflage. — 1909. Rm 3,—

Nr. 22. **Anstellung und Versorgung der Kommunalbeamten.** Von W. Ledermann. 2. Auflage von L. Brühl. — 1914. Rm 2,—

Nr. 23. **Ausführungsgesetze zum Bürgerlichen Gesetzbuche.** Von P. Siméon. 3. Auflage. — 1914. Rm 2,20

Nr. 24. Die Hinterlegungsordnung (1879). Von G. Bartels. 2. Auflage. — 1908. Rm 2,—
Abänderungsgesetz vom 21. April 1913 siehe Nr. 53.

Nr. 25. Preußische Kommunalbeamtengesetzgebung. Von F. Kremski. — 1901. Rm 3,—

Nr. 26. Diensteinkommen der Lehrer und Lehrerinnen. Von C. Cremer. — 1900. Rm 2,20

Nr. 27. Warenhaussteuer. Von G. Strutz. — 1900. Rm 1,20

Nr. 28. Die Fürsorgeerziehung Minderjähriger. Von P. F. Aschrott. 3. Auflage. — 1917. Rm 2,80

Nr. 29. Ärztliche Ehrengerichte, das Umlagerecht und die Kassen der Ärztekammern. Von F. Fibler. — 1901. Rm 1,50

Nr. 30. Preußisches Staatsschuldbuch und **Reichsschuldbuch.** Von J. Mücke. — 1902. Rm 2,—

Nr. 31. Die preußischen Gesindeordnungen. Zwei Bände. Von St. Gerhard.

31 a. Altpreußische Provinzen und Rheinland. 2. Auflage. — 1914. Rm 3,—

31 b. Hannover, Schleswig-Holstein, Hessen-Nassau und Hohenzollern. — 1902. Rm 2,50

Nr. 32. Städteordnung. Von W. Ledermann und L. Brühl. 2. Auflage. — 1913. Rm 6,—

Nr. 33. Rentenguts- und Anerbenrechts-Gesetzgebung. Von M. Peltasohn und B. Peltasohn. — 1903. Vergriffen.

Nr. 34. Sammlung der wichtigsten **preußischen Strafgesetze.** Von Lindemann. 2. Auflage. — 1912. Rm 3,50

Nr. 35. Geschäftsordnung für Gerichtsvollzieher Von E. Exner. — 1904. Rm 3,—

Nr. 36. Polizeiverordnungen in Preußen. Von O. Lindemann. — 2. Auflage. 1912. Rm 2,50

Nr. 37. Enteignung von Grundeigentum. Von O. Meyer. 2. Auflage. — 1911. Vergriffen.

Nr. 38. Kreis- und Provinzial-Abgabengesetz. Von F. Schmidt. — 1906. Rm 1,20

Nr. 39. Unterhaltung der öffentlichen Volksschulen. Von A. Marcks. — 1906. Rm 1,80

Nr. 40. Verwaltungsstrafverfahren. Von R. Katzenstein. — 1907. Rm 3,50

Nr. 41. Die preußischen Jagdpolizeigesetze. Von F. Kunze und R. Kühnemann. 2. Auflage. — 1907. Vergriffen.

Nr. 42. **Allgemeine Landesverwaltung** und **Zuständigkeit der Verwaltungs- und Verwaltungsgerichtsbehörden.** Von K. Friedrichs. 2. Auflage. — 1921. Rm 3,—

Nr. 43. **Verschuldungsgrenze** für land- und forstwirtschaftlich benutzte Grundstücke. Von R. Leweck. — 1908. Rm 2,40

Nr. 44. **Quellenschutzgesetz.** Von E. Voelkel. — 1909. Rm 1,—

Nr. 45. **Rechtsverhältnisse der Juden in Preußen.** Von M. Kollenscher. — 1910. Rm 2,40

Nr. 46. **Austritt aus der Landeskirche.** Von H. Caro. — 1911. Rm 2,40

Nr. 47. **Feuerbestattung.** Von W. Lohmann. — 1912. Rm 1,50

Nr. 48. **Zweckverbandsgesetz für Groß-Berlin.** Von L. Brühl, K. Gorban und W. Ledermann. — 1912. Rm 4,—

Nr. 49. **Gesetze gegen die Verunstaltung landschaftlich hervorragender Gegenden.** Von O. Goldschmidt. — 1912. Rm 2,40

Nr. 50. **Gesetz, betr. die Anlegung und Veränderung von Straßen und Plätzen in Städten und ländlichen Ortschaften.** Von O. Meyer. — 1913. Rm 3,—

Nr. 51. **Das preußische Disziplinargesetz für die nichtrichterlichen Beamten.** Von E. v. Dultzig. — 1914. Rm 4,20

Nr. 52. **Preußisches Wassergesetz.** Von G. Wulff und F. Herold. — 1913. Rm 4,50

Nr. 53. **Hinterlegungsordnung** von 1913. Von Hagemann. — 1914. Rm 2,20

Nr. 54. **Anlegung von Sparkassenbeständen in Inhaberpapieren.** Von H. Döhring. — 1914. Rm 2,80

Nr. 55. **Preußisches Wohnungsgesetz.** Von B. Schmittmann. — 1918. Rm 2,60

Nr. 56. **Das preußische Tumultschadengesetz.** Von Bruno Friedländer. — 1919. Rm 0,80

Nr. 57. Gesetz über **Landeskulturbehörden.** Von W. Holzapfel. — 1919. Rm 2,—

Nr. 58. **Arbeitsnachweis.** Von P. Wölbling. — 1920. Rm 1,—

Nr. 59. **Bildung der neuen Stadtgemeinde Berlin.** Von P. Wölbling. 2. Auflage. — 1920. Rm 1,40

Nr. 60. **Umlegungsordnung.** Von W. Holzapfel. — 1921. Rm 1,80

Nr. 61. **Preußische Verwaltungsgebührenordnung.** Von K. Eiffler. Mit Nachtrag. — 1925. Rm 6,—

C. Textausgaben

ohne Anmerkungen mit Sachregister.

Aufwertungsgesetze mit Einleitung. Von Michaelis. Rm 1,50
Betriebsrätegesetz. Vergriffen.
Bürgerliches Gesetzbuch. 14. Auflage. Rm 5,—
Erbschaftssteuergesetz. Neue Fassung von H. Schachian. 3. Auflage. Rm 2,50
Freiwillige Gerichtsbarkeit. — 1920. Rm 1,—
Handelsgesetzbuch mit Seerecht. 11. Auflage. — 1924. Rm 2,60
Konkursordnung. 2. Auflage. — 1915. Mit Nachtr. 1925. Rm 1,—
Militärstrafgerichtsordnung m. **Einführungsges.** — 1901. Rm 1,30
Militär-Strafgesetzbuch. 2. Auflage. — 1916. Rm 0,50
Reichsfinanzgesetze von 1909. — 1909. Rm 2,60
Reichsmietengesetz. — 1922. Rm 0,50
Reichsnotopfergesetz. Vergriffen.
Reichssteuergesetze 1925 (Steuerüberleitungsgesetz mit Durchführungsbestimmungen — Einkommensteuer, Körperschaftsteuer, Reichsbewertungsgesetz, Vermögensteuer, Erbschaftssteuer). Rm 4,—
Reichsversicherungsordnung. Vergriffen.
Strafgesetzbuch. — 1925. Rm 3,—
Strafprozeßordnung. 5. Auflage. — 1924. Rm 2,50
Umsatzsteuergesetz. — 1920. Vergriffen.
Verkehrs- u. Kohlensteuer u. Kriegssteuerzuschlag. 1917. Rm 0,60
Verfassung des Deutschen Reiches. Vergriffen.
Verfassung des Freistaates Preußen. Rm 0,60
Versicherungsgesetz für Angestellte. — 1924/25. Rm 2,—
Wechselordnung. — 1908. Rm 0,50
Wehrbeitrag und Besitzsteuer. — 1913. Rm 0,50
Zivilprozeßordnung mit **Gerichtsverfassungsgesetz** und **Einführungsgesetzen.** — 1924. Rm 3,50
Zuwachssteuergesetz. — 1911. Rm 0,50
— **Ausführungsbestimmungen.** — 1911. Rm 0,40
Preuß. Ausf.-Anweis. zur **Gewerbeordnung.** — 1904. Rm 1,—

Schlagwort-Register

R. = Nummer der Sammlung Deutscher Reichsgesetze.
P. = Nummer der Sammlung Preußischer Gesetze.
S. = Seite.

Schlagwort-Register. (R. = Reichsgesetz, P. = preuß. Gesetz.)

Schlagwort-Register. (R. — Reichsgesetz, P. — preuß. Gesetz.)

Schlagwort-Register. (R. = Reichsgesetz, P. = preuß. Gesetz.)